もちふわ
ドラカパン

吉永麻衣子

ただ材料を混ぜるだけ、
発酵は冷蔵庫におまかせ！

新潮社

はじめに

私はcooking studio minnaという小さなパン教室を開いています。
私自身2人の子どもがいて、我が子が一緒にいる中で、
子ども連れ大歓迎の自宅教室としてわがままにやらせていただいています。
自分がママだからこそ、家事や育児、仕事などで忙しいママでも、
子どものために気軽に作ってあげられるような簡単なパンを作りたいと思い、
レシピを開発してきました。

その中のひとつが『簡単もちもちスティックパン』という書籍になり、
「子どもが喜んで食べてくれます」「子どもと一緒に作るのが楽しいです」
「外出時に便利です」など、いろいろなうれしいご感想をいただきました。
ところがしばらくすると、大きなお子さんを持つ生徒さんたちから、
「うちの子はスティックパンでは食べ足りないみたい」という声が
ちらほら出てくるように。
確かに、夫も小さなスティックパンは、量的に物足りないようでした。

そこで以前からよく作っていたフォカッチャをベースに考えたのが、
本書のドデカパン。
密閉容器で材料をぐるぐる混ぜて、一晩冷蔵庫に置き、
朝起きたら三つ折りにしてトースターで15分焼くだけのクイックさで、
アレンジは無限大。
とにかく簡単で、おいしいことを大事にしたら、
こんなレシピができました。

お金を出せば何でも手に入る時代。
そんな便利な時代に逆行して、手作りを大切にしたい、
ゆっくり丁寧な暮らしをしたい、という方が増えているように感じます。
家族のために作るのも素敵ですが、自分のために作ることだって、
自分を大事にすることにつながるはず。
忙しいママはもちろん、パン作りは初めてという方にもぜひ挑戦していただければ、
こんなにうれしいことはありません。
家族や自分の好きなアレンジを見つけて焼いていただけたら幸いです。

買うよりは時間も手間もかかるけれど、安全な材料だけで作ることができて、
焼きたてを食べられる手作りは本当に贅沢！
そんな「手作りのシアワセ」が少しでも多くの方に広がりますように。

吉永麻衣子

はじめに……2
ドデカパンのいいところ……6
パン作りの前に
基本の材料……8
基本の道具……9

chapter 1 いちばん簡単な基本のドデカパン

基本のドデカパン……10
基本のドデカパンのアレンジ――トッピング
フォカッチャ……16
ズッキーニとベーコンとマッシュルーム／ガーリックバター黒こしょう……17
のり明太マヨ／玉ねぎツナマヨカレー……18
シナモンシュガーバナナ……19
基本のドデカパンのアレンジ――フィリング
ごろごろベーコンチーズ……20
大葉ごま／玉ねぎ……21
クミンシード／クランベリーホワイトチョコ……22
オレンジピール……23

chapter 2 毎日食べたいお食事ドデカパン

ドデカミルクハース……24
ドデカトマトパン……28
ドデカトマトパンのアレンジ
ドデカコーンパン……30
ドデカポテトパン……31
ドデカごパン……32
押し麦ドデカパン……34
豆乳ちぎりドデカパン……36
胚芽ハムチーズドデカロール……38
ドデカカレーパン……40
野菜炒めドデカパン……42
雑穀ドデカパン……44

chapter 3 やさしい甘さのおやつドデカパン

ダークチェリーのドデカブリオッシュ……46
ドデカブリオッシュのアレンジ
洋なしバター／クッキーonドデカ……49
ドデカあんパン……50
メープル甘栗ドデカパン……52
ドデカアップルクランブル……54
抹茶黒豆ドデカパン……56
チョコチップドデカパン……58
いちじくとくるみのライ麦ドデカパン……60
ドデカマンゴークリームチーズ……62
ドデカココナッツパイナップル……64
きな粉甘納豆ドデカパン……66

chapter4

サンドイッチで
ドデカパン

ドデカオープンサンド
　サーモンクリームチーズ／エッグベネディクト……70
　パンコントマテ／キャロットラペ／チョコマシュマロ……71
　フルーツサンド／いちじくヨーグルト……72
ドデカサンドイッチ……74
　ホットドッグ／アジアンサンド／マロンサンド……76
　ホットサンド／カツサンド……77

chapter5

季節を楽しむ
ドデカパン

パーティドデカパン……78
フルーツドデカパン……82
ドデカピザ……84
ドデカパンプキン……86
ドデカシュトレン……88

column

ドデカパンの保存法……15
クープのこと……27
パンのおとも　PART 1……73
パンのおとも　PART 2……81
自家製酵母でドデカパン……90

困ったときのＱ＆Ａ……91
この本で使った材料……94

《この本の注意点》

・各レシピについているマークは、T：オーブントースター、G：魚焼きグリル、F：フライパン、O：オーブンで、それぞれ焼成可能という意味です。また、機種によって加熱具合が異なります。様子をみながら加熱時間や温度を調節してください。
・大さじ１＝15ml、小さじ１＝5mlです。
・材料の水は水道水を浄化したものを使用しています。ミネラルウォーターを使用する場合は、日本の水道水に近い軟水を使用してください。
・ドデカパンの完成写真は、基本的にオーブントースターで焼いたものです。その他の方法で焼いた場合、出来上がりの見た目が多少異なります。

ドデカパンのいいところ

日々家庭で焼くなら、簡単で、体にやさしくて、
しかもおいしいことが条件！　それにピッタリなのがドデカパンです。
そんなドデカパンの特長がこちら！

おいしくて体にやさしい！

ドデカパンは高加水(水分をたくさん含むこと)だから、もちっとして、ふんわりやさしい食感。さらにイーストを低温でじっくり熟成させるので風味のよい生地になるのです。ボリュームたっぷり、驚くほどおいしいのに、バターや砂糖を使わないでも作れるから、体にもやさしい！

こねいらず、生地作りは5分！

密閉容器に材料を計量したら、あとはぐるぐるスプーンで混ぜるだけ。通常「パン作り」というとバンバン台に打ちつけてたくさんこねたりするイメージ、ありますよね。ドデカパンはそんな大変なこねる作業とは無縁。計量も含めて５分あれば生地が作れます。

発酵は冷蔵庫に入れるだけ！

温度調節などが面倒な発酵も簡単。生地を冷蔵庫で８時間以上寝かせるだけ。８時間って長いのでは……？と思う方。簡単に生地が作れるので、寝る前にささっと作って寝てしまいましょう。面倒な仕上げ発酵もないので、朝起きたらすぐ焼けますよ！

オーブンなしでも焼ける！

パンはオーブンで焼くもの、という先入観はありませんか？　オーブントースター、魚焼きグリル、フライパンでも焼けるのがドデカパン。予熱の必要なオーブンよりも、むしろオーブントースターで焼くのがおすすめです。

洗い物は最小限、手も汚れない！

生地はスプーンで混ぜるから手も汚れません。油脂だって液体の状態で加えてぐるぐる混ぜればいいのです。しかも、材料を密閉容器にどんどん入れていくだけなので、通常必要なボウルやパンこね台などもいりません。洗い物が劇的に少ないです！

すぐ焼かなくてもOK！

作った生地は３日程度は冷蔵庫で寝かせておくことができるので、「寝坊しちゃって焼けない！」と焦ることはありません。生地さえあれば、焼きたいときに焼けて便利です。朝ごはんにもおやつにもぴったり。

パパも大満足のボリューム！

ドデカパンという名の通り、どでーん！といっぺんに大きく焼けるので、大人も満足するボリュームのパンが作れます。ご自宅のオーブントースターの大きさに合わせて調節してみてください！

アレンジが無限大！

ドデカパンは、中に入れる具材やトッピングによって、主食にも、お惣菜系にも、甘いおやつ系にも変身！　オールマイティなパンなのです。本書で紹介したレシピ以外にも、オリジナルのご家庭の味にチャレンジしてください。

お土産やお弁当にも！

ドデカパンをパーティに持っていくと、とっても盛り上がりますよ。私はよく、おいしいオリーブオイルやチーズを買ってセットで持っていきます。しかも用意が簡単なので、自分の負担にもなりません。高加水で乾きにくいので、サンドイッチなどお弁当にして持っていってもおいしく食べられます。

「低温長時間発酵」のパン作り

生地を冷蔵庫でゆっくり寝かせて発酵させる「低温長時間発酵」。簡単だから、という理由だけでこの方法をとっているのではありません。パンはイーストという微生物を使った発酵食品です。発酵時間をじっくりとってあげることで、熟成されて風味のある、おいしい生地になるのです。

もうひとつ、うれしいポイントが。常温だとイーストの活動はどんどん活発になるので、通常のパンは作り始めたらノンストップ。「パン作りは時間があるときに」となるのもこのため。ところが「低温長時間発酵」なら、イーストの働きがゆっくりになるので、自分のスケジュールに合わせたパン作りができます。忙しい方におすすめです。

パン作りの前に

ドデカパンは、シンプルな材料と少ない道具で作れます。
ここでは私が普段使っている材料と道具を
ご紹介します。参考にしてみてください。

基本の材料

これらに加えて仕込み水があれば、ドデカパンが作れます！

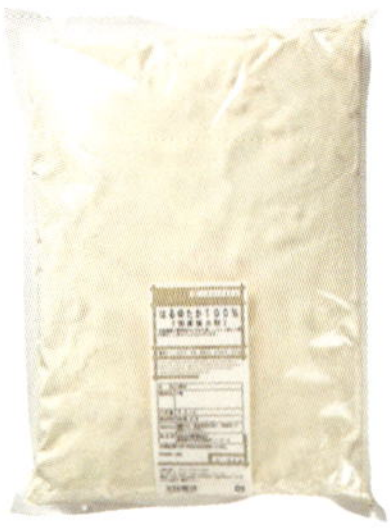

国産強力粉

薄力粉や中力粉にくらべてタンパク質量が多い強力粉は、パン生地の粘りの元となるグルテンが出やすく、パン作りに適しています。私は国産の『はるゆたか』『はるゆたかブレンド』『キタノカオリ』『ゆきちから』をよく使います。ドデカパンの場合、手でこねないので通常のパンよりもいろいろな粉にチャレンジしていただけます。なお、長く置くと粉の味は劣化するので、１か月程度で使いきれる量を購入し、湿度と温度の低い場所で保存してください。私も夏場は冷蔵庫で保存するなど、気をつけています。

はるゆたか100％（2.5kg）／TOMIZ

インスタントドライイースト

パン生地をふくらませてくれるイーストは、元々自然界にある微生物のひとつ。それを工業的に使いやすくしたものがインスタントドライイーストです。私はサフの赤を使っています。なお、イーストは５℃以上あると活動をはじめてしまうので、開封したら密閉容器にうつして冷凍庫で保管するのがおすすめです。

サフ（赤）インスタントドライイースト（500g）／TOMIZ

塩

塩は、パン生地の網目を安定させる役目があります。私はフランス産のゲランドの塩を使っています。調味料ならこだわってもたかが知れているので、多少値がはっても天然塩がおすすめ。味が変わります！　料理に使ってもよいですしね。

ゲランドの塩（顆粒）（1kg）／TOMIZ

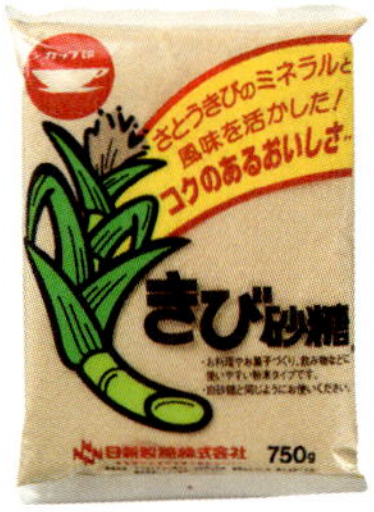

砂糖

イーストの発酵を促進し、パンに焼き色をつける砂糖。本書ではきび砂糖を使用しましたが、そのほかに粗製糖を使うことも。上白糖などでももちろん作れますが、少しでもミネラルが摂れるといいなと思ってそうしています。

カップ印　きび砂糖（750g）／TOMIZ

基本の道具

代用できるものもありますが、これらの道具で一層簡単に！

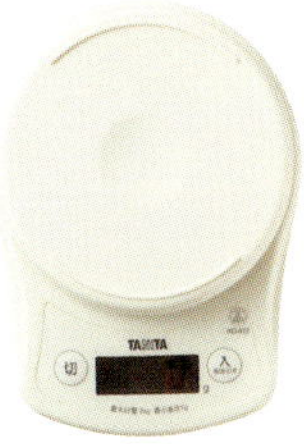

デジタルスケール

パン作りの基本は計量。イーストは軽すぎてスケールに乗せてもなかなか表示がかわらず、山盛りにしてしまって失敗ということがあります。0.1g単位で量れるデジタルスケールはとても便利。タニタのものを使用しています。

密閉容器

ドデカパンは生地を三つ折りにしたいので、最初から長方形の容器に入れて発酵させるのがおすすめです。本書の分量だと、800mℓの容量のものがピッタリおさまります。使ったのは100円ショップで2個100円だったもの。

スプーン

色々試してみましたが、スプーンで混ぜるのが一番やりやすかったドデカパンの生地。粉と仕込み水を混ぜる際に、小さい方が小回りがきいてうまくできました。

カード

生地を密閉容器から出すときに、容器から離れやすくなるようにこれで手助けしています。こちらも100円ショップに売っています。ほかにも、ボウルについた材料を取ったり、弾力のあるパン生地をカットしたりと万能。

粉ふるい

ドデカパンの生地は水分が多いので、扱うときに強力粉をふるう必要があります。普通の粉ふるいでもよいですし、手でふってもかまわないのですが、このタイガークラウンの粉糖ふりは使いやすいのでおすすめ。

オーブンシート

水分が多くてくっつきやすい生地なので、オーブンシートは必須。こちらは洗って何度も使えるタイプでとっても便利。自分の家の天板に合わせて何枚かカットしておくと使いやすいですよ。

オーブントースター

火力が強いオーブントースターは、パン焼きの強い味方です。本書ではツインバードのTS-D047B ミラーガラスオーブントースター（ブラック）を使用。実際に、私も愛用中ですが、リーズナブルかつスタイリッシュなのが魅力。

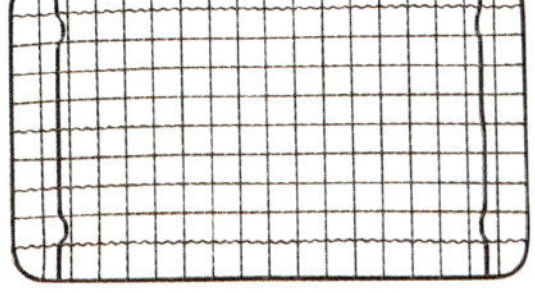

ケーキクーラー

焼き上がったばかりのドデカパンはとてもやわらかいので、やさしく扱ってあげてください。そこで、ドデカパンを冷ますときに便利なのがケーキクーラー。冷めないときれいにカットしにくいので注意して。

パン切りナイフ

カットしてから食べるドデカパンには、パンやケーキ専用のナイフを使用するのがおすすめです。私はスイスWENGER社のSWIBOという35cmの波刃のスライサーを使っています（2016年3月現在、生産終了。編集部調べ）。

chapter 1

いちばん簡単な基本のドデカパン

基本のドデカパン

T G F O

粉・塩・イースト・水だけのこれ以上ないシンプルな生地のドデカパンです。まずはこれをマスターしてください。アレンジ無限大！

材料(1個分)
国産強力粉…180g
塩…2g
インスタントドライイースト…2g
仕込み水　水…150g

ご家庭のトースターが小さめの場合は、こちらの分量で作ってみてください。作り方は同じです。

材料(1個分)
国産強力粉…150g
塩…1g
インスタントドライイースト…1.5g
※小さじ2分の1から少し減らす
仕込み水　水…125g

計量

はじめて焼くときはきっちり量って！

1 密閉容器に強力粉・塩・イーストを計量しながら入れていきます。容器はレシピに合わせて800mlの容量のものを使用しています。写真のように長方形のものを使用すると、生地を成形しやすいのでおすすめです。

※砂糖や、その他の細かい具材を入れる場合はここで一緒に入れます。

2 仕込み水を計量します。

生地作り

材料は混ぜるだけ！(目安2〜3分)

3 密閉容器の中身をスプーンで簡単に混ぜます。

4 3へ仕込み水の8割を入れます。

5 全体をぐるぐると混ぜます。

6 粉っぽいところにめがけて残りの仕込み水を加え、均一になるように混ぜます。目安は1分かからない程度です。

7 表面をスプーンで平らにしてください。

※生地に油脂(溶かしバターやオリーブオイルなど)を入れる場合はここで入れ、スプーンで光沢が落ち着くまで混ぜます。
※大きな具の場合は平らにした生地に、均一になるように具を置いて、半分に折りたたむようにしてからまた平らにしてください。

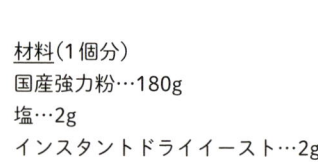

発酵

冷蔵庫に入れて一晩置くだけ！

8 密閉容器のふたを閉め、冷蔵庫で8時間以上寝かせます。

イーストは5℃以上あれば活動をはじめます。夏場と冬場で冷蔵庫の中の温度も変わるので、冬場ふくらみにくいようであれば野菜室に置いてみてください。

ゆっくり発酵！

熟成時間をゆっくり、じっくりとることで、風味のよい生地になります。温かいところに置いておけば発酵は早く進みますが、冷蔵庫で寝かせた生地と同じ味にはなりません。ただし、それでも急ぎたいという場合は常温に置けばより短い時間でふくらみますし、オーブンの発酵機能を使ったりすると1時間もしないうちにふくらんできます。

9 1.5～2倍くらいにふくらんだら発酵終了です。発酵が足りない場合、そのまま焼いても大丈夫ですが、ふくらむまで常温に置いてみてください（ふくらむ時間は環境によって30分の時もあれば2時間かかることもあります）。

どうしてもふくらまない場合は、焼いてしまいましょう。イーストが少ないなど、分量の問題かもしれません。

成形

生地を三つ折りにするだけ！（目安2～3分）

強力粉はたっぷり振ってください！　少ないと、生地をオーブンシートに乗せるときに、くっついてしまいます。

10 強力粉（分量外）を多めに振ります。生地をつぶさないよう注意して、容器の4面すべての壁を触るように、カード（なければゴムベラ）を差し込みます。生地と容器の間に粉が入るように、容器の壁際にもたくさん強力粉を振ってください。こうすると生地が落ちやすくなります。

11 オーブンシートの上に密閉容器をさかさまにして、生地が落ちてくるのを待ちます。生地が落ち切らない場合は、カードを使ってください。

魚焼きグリルで焼く場合

魚焼きグリルだとオーブンシートが焦げてしまうので、サラダオイルやなたね油などをアルミホイルに塗って、その上に生地を乗せてください。

12 落ちた生地の両端を真ん中に折り込み、三つ折りにします。生地を長く置いておくとシートにくっついてしまうので、置かずにすぐ三つ折りにしてください。水分量が多い生地なので、はじめはうまくいかなくても気にせずに。三つ折りしないでそのまま焼いてもおいしく出来上がります。

※生地の中にあんこやカレーなどの具材を入れたい場合は三つ折りにするときに入れます。上にトッピングをする場合は、オーブンシートごと天板に乗せたあとに行いましょう。

三つ折りにすることで、高さが出てふんわりとした食感になります！

焼成

仕上げ発酵なし、成形したらすぐ焼ける！

13 12の生地をオーブンシートごと天板に乗せます。予熱なし、1200Wのオーブントースターで15分(900Wなら20分)焼きます。焼けたらケーキクーラーなどに乗せて冷まします。十分冷めてからの方が、焼きたてよりもカットしやすいです。すぐに食べない場合は、乾燥しないようビニル袋などに入れて密封してください。

※あんパン、シュトレン、カレーパンなど具がたくさん入る生地は、中まで火が通りにくいので、15分焼いた後、アルミホイルをのせてさらに数分焼きます。詳しくはそれぞれのレシピをご覧ください。

◎魚焼きグリル(両面焼き)

予熱なし、12の生地をアルミホイルごとグリルに入れて、弱火で5分焼いたらアルミホイルを上にかけて、さらに13分焼いてください。ご家庭のグリルに合わせて、生地の高さを調節してください。

◎フライパン

予熱なし、12の生地をオーブンシートごとフライパンに入れ、ふたをして弱火で10分焼いたら裏返して、またふたをしてさらに10分焼いてください。

◎オーブン

12の生地をオーブンシートごと天板に乗せて、200℃に予熱したオーブンで20分焼いてください。

ドデカパンの保存法

ドデカパンは、
生地を焼く前も、
焼いてからも
保存が可能です。
生活のリズムに合わせて
上手に活用してください。

焼成前

密閉容器に入れてふたをした生地（基本の作り方８）は、冷蔵庫で３日程度の保存が可能です。生地ができてから８時間以上たっていれば、いつ焼いても構いません。ふくらんでふたをおしあげそうだったら、壁際をカードで触ってガスを抜いてください。ふくらんだまま置くと、イーストが生地の糖分を食べてしまい、おいしくなくなってしまいます。

焼成後

焼きあがったドデカパンは、冷ましてカットしてからそれぞれラップでくるんで、密閉できるチャック付きのビニル袋などに入れて冷凍しましょう。少し手間ですが、おいしさを保ったまま保存できます。

解凍の仕方

食べるときは常温に置いておくか、500Ｗのレンジで30秒程度温めてから、オーブントースターやグリルで焼いて召し上がってください。

基本のドデカパンのアレンジ

基本のドデカパンの生地を使ったバリエーションを紹介します。
やり方は、トッピングとフィリングの２種類です。

TOPPING

トッピング

生地はそのまま、あとからトッピングするのが
こちら。でも、驚くほど様々な味に変わります。

フォカッチャ

T G F O

ドデカパン発明の
きっかけになったのが
このドデカフォカッチャ。
シンプルな味なので
いろんな料理に
合わせられます。

材料(1個分)
国産強力粉…180g
塩…2g
インスタントドライイースト…2g
仕込み水　水…150g
オリーブオイル…適量
岩塩…適量
※岩塩がおいしいですが、なければ粗塩などでも可。

作り方
1　基本のドデカパンの作り方1〜12(P12-14)の要領で生地を作ります。
2　三つ折りにした1の生地をオーブンシートごと天板に乗せて、オリーブオイルをかけます(写真a)。仕上がりがパリッとします。
3　指でまんべんなくくぼみをつけ、岩塩をパラパラとまぶします(写真b、c)。くぼみが浅いと生地の真ん中だけが盛り上がってしまうので、天板につくくらいしっかりと指を押し込んでください。
4　基本のドデカパンの作り方13(P14)の要領で焼成したら完成です。

a

b

c

ズッキーニとベーコンとマッシュルーム

T G O

具材を乗せただけなのに、
それぞれのうまみがしっかり出て
驚くほどおいしくなるこちら。
見た目も華やかです！

材料(1個分)
国産強力粉…180g
塩…2g
インスタントドライイースト…2g
仕込み水　水…150g
ズッキーニ(うすくスライスしたもの)…7〜8枚程度
ブロックベーコン(細切り)…10〜12本程度
生マッシュルーム(うすくスライスしたもの)…9〜10枚程度
オリーブオイル…適量
パルメザンチーズ…適量

作り方
1　基本のドデカパンの作り方1〜12(P12-14)の要領で生地を作ります。
2　三つ折りにした1の生地をオーブンシートごと天板に乗せ、オリーブオイルをかけて、指でまんべんなくくぼみをつけます。天板につくくらいしっかりと指を押し込んでください。
3　ズッキーニ、ベーコン、マッシュルームを全体に並べて(写真a)、パルメザンチーズをかけます。
4　基本のドデカパンの作り方13(P14)の要領で焼成したら完成です。

a

ガーリックバター黒こしょう

T G F O

とまらないおいしさ！
あらびきガーリックはGABANのもの。
味と香りがきちんとついてくれるから
我が家の定番調味料に。

材料(1個分)
国産強力粉…180g
塩…2g
インスタントドライイースト…2g
仕込み水　水…150g
バター(細かくしたもの)…20g程度
あらびきガーリック…1g
※ガーリックチップを細かく砕くか、生のにんにくをみじん切りしたものでも可。
黒こしょう…適量

作り方
1　基本のドデカパンの作り方1〜12(P12-14)の要領で生地を作ります。
2　三つ折りにした1の生地をオーブンシートごと天板に乗せて、指になたね油(分量外)をつけ、まんべんなくくぼみをつけます。天板につくくらいしっかりと指を押し込んでください。
3　穴にバターを入れて、あらびきガーリックと黒こしょうをまんべんなくかけます(写真a、b)。
4　基本のドデカパンの作り方13(P14)の要領で焼成したら完成です。

a

b

のり明太マヨ

T G O

明太とマヨネーズの
黄金コンビはパンでも
例外ではありません！
ふわっと香るのりも良し。

材料(1個分)
国産強力粉…180g
塩…2g
インスタントドライイースト…2g
仕込み水　水…150g
明太子…50g
マヨネーズ…大さじ3
きざみのり…適量

作り方
1　基本のドデカパンの作り方1〜12(P12-14)の要領で生地を作ります。
2　三つ折りにした1の生地をオーブンシートごと天板に乗せて、指になたね油(分量外)をつけ、まんべんなくくぼみをつけます。天板につくくらいしっかりと指を押し込んでください。
3　明太子とマヨネーズを混ぜて生地に塗り、さらにきざみのりを乗せます。
4　基本のドデカパンの作り方13(P14)の要領で焼成したら完成です。

玉ねぎツナマヨカレー

T G O

玉ねぎ、ツナ、チーズを
たっぷり乗せたこちら。
おかずを一品取ったも同然の
盛り盛り感です！

材料(1個分)
国産強力粉…180g
塩…2g
インスタントドライイースト…2g
仕込み水　水…150g
玉ねぎ(うすくスライスして、
水にさらしてからしぼったもの)
…中4分の1個
ツナ(しぼったもの)…70g
(小缶詰1つ分)
ピザ用チーズ…50g
マヨネーズ…大さじ2
カレー粉…2g

作り方
1　基本のドデカパンの作り方1〜12(P12-14)の要領で生地を作ります。
2　三つ折りにした1の生地をオーブンシートごと天板に乗せて、指になたね油(分量外)をつけ、まんべんなくくぼみをつけます。天板につくくらいしっかりと指を押し込んでください。
3　玉ねぎ、ツナ、マヨネーズ、カレー粉を混ぜて生地に乗せ、さらにピザ用チーズを乗せます。
4　基本のドデカパンの作り方13(P14)の要領で焼成したら完成です。

シナモンシュガーバナナ

T G O

フォカッチャがベースなのに、
デザートもいけるの？と
不思議に思う方にこそ試してほしい！
立派なお菓子パンなのです。

材料（1個分）

国産強力粉…180g
塩…2g
インスタントドライイースト…2g
仕込み水　水…150g
バター（細かくしたもの）…20g程度
バナナ…１本
シナモンシュガー…20g
※シナモンパウダー：グラニュー糖（なければ普通の砂糖でＯＫ）が1:10くらいの割合で。
くるみ（ローストしたもの）…適量
※160℃に予熱したオーブンで15分程度ローストする。

作り方

1　基本のドデカパンの作り方1〜12（P12-14）の要領で生地を作ります。
2　三つ折りにした１の生地をオーブンシートごと天板に乗せて、指になたね油（分量外）をつけてくぼみを作り、一口大にちぎったバナナを埋め込むようにして生地に入れます（写真a）。
3　バターを散らして、くるみを乗せ、シナモンシュガーをまんべんなくかけます（写真b）。
4　基本のドデカパンの作り方13（P14）の要領で焼成したら完成です。

a

b

FILLING

フィリング

基本の生地に具材を混ぜ込みます。混ぜるとおいしいものを厳選。断面がポイントです！

ごろごろベーコンチーズ

T G F O

大人にも子どもにも好評のこちら。
コストコで買った
カークランドのチェダーチーズと、
ブロックベーコンを大きめに
カットして入れるのがポイント。

材料(1個分)
国産強力粉…180g
塩…2g
インスタントドライイースト…2g
仕込み水　水…150g
ブロックチーズ(2cm角程度に
カットしたもの)…50g
ブロックベーコン(2cm角程度に
カットしたもの)…50g

作り方
1　基本のドデカパンの作り方1〜6(P12)の要領で生地を作ります。
2　1の生地の表面をスプーンで平らにして、均一になるようにチーズとベーコンを置いて、一度折りたたんでからまた平らにしてください(写真a)。
3　基本のドデカパンの作り方8〜13(P13-14)の要領で発酵、成形、焼成したら完成です。

a

大葉ごま

T G F O

大葉のさわやかな風味と
ごまのプチプチ感で、
和のテイスト満載の
ドデカパンができました。

材料（1個分）
国産強力粉…180g
塩…2g
インスタントドライイースト…2g
仕込み水　水…150g
大葉（細切りにしたもの）…3枚
白ごま…大さじ2

作り方
1　密閉容器に強力粉・塩・イーストを計量しながら入れていきます。ここで大葉とごまも加えます（写真a）。
2　基本のドデカパンの作り方2〜13（P12-14）の要領で作ったら完成です。

a

玉ねぎ

T G F O

生の玉ねぎを入れただけ。
なのにどうしてこんなに
おいしいんだろう。
甘みがしっかり出ます。
我が家でもヘビロテ中。

材料（1個分）
国産強力粉…180g
塩…2g
インスタントドライイースト…2g
仕込み水　水…150g
玉ねぎ（みじん切りにしたもの）
…中4分の1個

作り方
1　密閉容器に強力粉・塩・イーストを計量しながら入れていきます。ここで玉ねぎも生のまま加えます。
2　基本のドデカパンの作り方2〜13（P12-14）の要領で作ったら完成です。

材料（1個分）
国産強力粉…180g
塩…2g
インスタントドライイースト…2g
仕込み水　水…150g
クミンシード…2g

作り方
1　密閉容器に強力粉・塩・イーストを計量しながら入れていきます。ここでクミンシードも加えます。
2　基本のドデカパンの作り方2〜13（P12-14）の要領で作ったら完成です。

クミンシード

T G F O

クミンシードの本領発揮？と
思えるほどにピッタリ。
使い切れずに戸棚の奥で
眠っている調味料、もしかしたら
ドデカパンに合うのかも？

クランベリーホワイトチョコ

T G F O

クランベリーにホワイトチョコ、
これでおいしくないわけがない！
生地のむぎゅっともちもち感と
具材の食感が絶妙なんです。

材料（1個分）
国産強力粉…180g
塩…2g
インスタントドライイースト…2g
仕込み水　水…150g
ドライクランベリー…30g
ホワイトチョコレート（製菓用のチョコチップ、もしくは板チョコを細かく砕いたもの）…30g

作り方
1　密閉容器に強力粉・塩・イーストを計量しながら入れていきます。ここでドライクランベリーとホワイトチョコレートも加えます。
2　基本のドデカパンの作り方2〜13（P12-14）の要領で作ったら完成です。

オレンジピール

T G F O

さっぱりさわやかなピールも
やはり相性抜群。
ドライフルーツ系は
全般的におすすめです。
たっぷり入れるのが私流。

材料（1個分）
国産強力粉…180g
塩…2g
インスタントドライイースト…2g
仕込み水　水…150g
オレンジピール…45g

作り方
1　密閉容器に強力粉・塩・イーストを計量しながら入れていきます。ここでオレンジピールも加えます。
2　基本のドデカパンの作り方2〜13（P12-14）の要領で作ったら完成です。

ドデカパン
つくりました！

驚くほど簡単、そして驚くほど美味しいドデカパン！　お料理下手な私でも失敗することなく簡単に焼くことができました。色々なアレンジができるので、毎日味を変えて楽しんでいます。ボリュームがあるので、友人を招いてのホームパーティ等にも最適。ドデカパンは家族や友人に手づくりパンの美味しさを届ける喜びを感じさせてくれました。（奥井磨以子さん）

現在オーストラリアに在住していますが、ドデカパンは子どもから大人まで大人気!!　食べ盛りの子どもたちが集まるパーティには必ず持参しています。見た目のインパクトと美味しさでリクエストされることもあります。現地の蜂蜜や乳製品、オーガニック食材など、どんな食材とも相性が良く、海外でもドデカパンライフを楽しんでいます。（佳山幸世さん）

chapter 2

毎日食べたいお食事ドデカパン

ドデカミルクハース

T G F O ※フライパンの場合、クープは入れられません。

牛乳でこねた優しい甘さのパンです。表面に入れたクープ(切れ目)もかわいいです。
シンプルで飽きないので食パン代わりに毎朝食卓に並べても。

材料(1個分)

A
- 国産強力粉…130g
- 国産薄力粉…50g
- 砂糖…10g
- 塩…2g
- インスタントドライイースト…2g

仕込み水
- 牛乳…120g
- 水…30g

バター(溶かしたもの)…10g

計量

1
密閉容器に材料Aを計量しながら入れていきます。

2
ボウルに仕込み水を計量します。

3
バターは計量し、500Wのレンジで10〜20秒程度あたためて、溶かしておきます。

生地作り

4
密閉容器の中身をスプーンで簡単に混ぜます。

5
4へ仕込み水の8割を入れて、全体をぐるぐると混ぜます。

6
粉っぽいところにめがけて残りの仕込み水を加え、均一になるように混ぜます。目安は1分かからない程度です。

7
溶かしたバターを加えます。スプーンで光沢が落ち着くまで混ぜたら、表面をスプーンで平らにしてください。

発酵

8
密閉容器のふたを閉め、冷蔵庫で8時間以上寝かせます。1.5〜2倍くらいにふくらんだら発酵終了です。

成形

9
強力粉(分量外)を多めに振ります。生地をつぶさないよう注意して、容器の4面すべての壁を触るように、カード(なければゴムベラ)を差し込みます。生地と容器の間に粉が入るように、容器の壁際にもたくさん強力粉を振ってください。こうすると生地が落ちやすくなります。

10
オーブンシートの上に密閉容器をさかさまにして、生地が落ちてくるのを待ちます。生地が落ち切らない場合は、カードを使ってください(魚焼きグリルで焼く場合は、分量外の油をアルミホイルに塗って、その上に同じようにして生地を乗せてください)。

11
落ちた生地の両端を真ん中に折り込み、三つ折りにします。生地を長く置いておくとシートにくっついてしまうので、置かずにすぐ三つ折りにしてください。

12
ナイフを寝かせながらクープ(切れ目)を5本入れていきます。強力粉(分量外)を多めに振ったら(写真a)、まず真ん中に1本クープを入れます(写真b)。深さは7㎜くらい、しっかり入れてください。次に両端、最後にその間に入れます(写真c、d)。

焼成

13
下記を参照して生地を焼きます。焼き上がったらケーキクーラーなどに乗せて冷ましてからカットします。すぐに食べない場合は、ビニル袋などに入れて密封してください。

〈オーブントースター〉 生地をオーブンシートごと天板に乗せて、予熱なし、1200Wのオーブントースターで15分(900Wなら20分)焼く。
〈魚焼きグリル(両面焼き)〉 生地をグリルに入る程度の高さにし、アルミホイルごとグリルに入れて、予熱なし、弱火で5分焼く。表面が焼き固まったらアルミホイルを上にかけて、さらに13分焼く。
〈フライパン〉 生地をオーブンシートごとフライパンに入れ、予熱なし、ふたをして弱火で10分焼いたら裏返して、さらに10分焼く。
〈オーブン〉 生地をオーブンシートごと天板に乗せて、200℃に予熱したオーブンで20分焼く。
※いずれも目安の時間です。

a

b

c

d

クープのこと

　クープとは、成形したパン生地の表面に入れる切れ目のことです。バゲットなどのハードブレッドによくついていますよね。一般的には、クープは生地を均等に焼き上げ、底割れを防ぐ手助けをしてくれます。また、パンの水分がある程度抜けるため、軽い食感のパンを焼くことができます。
　けれども、ドデカパンでは、表情をつけるためにクープを入れているので、たとえクープが開かなくても気にせず好きなように入れていただいて結構です。本数も角度も自由ですが、上手に入れるためにはちょっとしたコツがあります。ぜひやってみてください。

道具

クープを入れるために作られた「クープナイフ」もありますが、私はWENGER社の平刃のパーリングナイフを使っています（2016年３月現在、生産終了。編集部調べ）。刃がうすくて軽いものなら大丈夫です。手に入らない場合は、顔用のI字カミソリがお勧めです。

クープの入れ方

1　強力粉をたっぷり振ります。
2　刃をやや寝かせて、7㎜程度の深さでしっかり切れ目を入れます。

本書でもいくつかバリエーションをご紹介しています。参考にしながらお好きなクープを入れてみてください。

◎縦

例・ドデカミルクハース（P24）

◎横

例・ドデカマンゴークリームチーズ（P62）

◎斜め

例・メープル甘栗ドデカパン（P52）

◎×

例・いちじくとくるみのライ麦ドデカパン（P60）

ドデカトマトパン

T G F O

トマトだけでこねたさわやかな酸味のパン。チーズとおいしいオリーブオイルを準備すればイタリアンパーティに！　オリーブを除いて離乳食にも！

材料(1個分)

A
- 国産強力粉…180g
- 塩…2g
- インスタントドライイースト…2g

仕込み水／トマトの水煮(缶詰)…190g

ブラックオリーブ…15粒

※種なしのものが便利。

生のバジル(小さくちぎっておく)…適量

オリーブオイル…大さじ2

岩塩…適量　※岩塩がおいしいですが、なければ粗塩などでも可。

計量

1

密閉容器に材料Aを計量しながら入れていきます。

2

ボウルに仕込み水を計量します。

生地作り

3

密閉容器の中身をスプーンなどで簡単に混ぜます。

4

3へ仕込み水の8割を入れて、トマトをつぶしながら全体をぐるぐると混ぜます。

5

粉っぽいところにめがけて残りの仕込み水を加え、均一になるように混ぜます。目安は1分かからない程度です。

6

生地の表面をスプーンで平らにして、均一になるようにブラックオリーブとバジルを置いて、一度折りたたんでからまた平らにしてください。

発酵

7

密閉容器のふたを閉め、冷蔵庫で8時間以上寝かせます。1.5～2倍くらいにふくらんだら発酵終了です。

成形

8

強力粉(分量外)を多めに振ります。生地をつぶさないよう注意して、容器の4面すべての壁を触るように、カード(なければゴムベラ)を差し込みます。生地と容器の間に粉が入るように、容器の壁際にもたくさん強力粉を振ってください。こうすると生地が落ちやすくなります。

9

オーブンシートの上に密閉容器をさかさまにして、生地が落ちてくるのを待ちます。生地が落ち切らない場合は、カードを使ってください(魚焼きグリルで焼く場合は、分量外の油をアルミホイルに塗って、その上に同じようにして生地を乗せてください)。

10

落ちた生地の両端を真ん中に折り込み、三つ折りにします。生地を長く置いておくとシートにくっついてしまうので、置かずにすぐ三つ折りにしてください。

11

三つ折りにした生地をオーブンシートごと天板、またはフライパン(グリルの場合はアルミホイル)に乗せ、オリーブオイルをかけたら、指でまんべんなくくぼみをつけて、岩塩をパラパラとまぶします(写真a)。くぼみが浅いと生地の真ん中だけが盛り上がってしまうので、天板につくくらいしっかりと指を押し込んでください。

焼成

12

下記を参照して生地を焼きます。焼き上がったらケーキクーラーなどに乗せて冷ましてからカットします。すぐに食べない場合は、ビニル袋などに入れて密封してください。

〈オーブントースター〉　予熱なし、1200Wのオーブントースターで15分(900Wなら20分)焼く。

〈魚焼きグリル(両面焼き)〉　生地をグリルに入る程度の高さにし、アルミホイルごとグリルに入れて、予熱なし、弱火で5分焼く。表面が焼き固まったらアルミホイルを上にかけて、さらに13分焼く。

〈フライパン〉　予熱なし、ふたをして弱火で10分焼いたら裏返して、さらに10分焼く。

〈オーブン〉　200℃に予熱したオーブンで20分焼く。

※いずれも目安の時間です。

a

ドデカトマトパンのアレンジ

家族にもっと野菜を食べてほしいという方へ、
トマト以外にこんな野菜を練り込むのもおいしいですよ。

ドデカコーンパン

T G F O

子どもに大人気。自然な甘さのコーンパン。
豆乳は牛乳に替えてもＯＫ！
コーンは自分で茹でたものでも
おいしく出来上がります。

材料(1個分)
A ［国産強力粉…180g
　　塩…2g
　　インスタントドライイースト…2g
仕込み水／コーン缶の水分＋豆乳
　　…150g
コーン(缶詰の水を切ったもの)…50g

計量

1
密閉容器に材料Aを計量しながら入れていきます。

2
ボウルに仕込み水を計量します。

生地作り

3
密閉容器の中身をスプーンなどで簡単に混ぜます。

4
3へ仕込み水の8割を入れて、全体をぐるぐると混ぜます。

5
粉っぽいところにめがけて残りの仕込み水を加え、均一になるように混ぜます。目安は1分かからない程度です。

6
ざっとコーンを加えて、一度折りたたんでから(写真a)、生地の表面をスプーンで平らにしてください。あまり生地をさわりすぎるとコーンから水分が出て生地がゆるくなるので、手早く！

発酵

7
密閉容器のふたを閉め、冷蔵庫で8時間以上寝かせます。1.5〜2倍くらいにふくらんだら発酵終了です。

成形

8
強力粉(分量外)を多めに振ります。生地をつぶさないよう注意して、容器の4面すべての壁を触るように、カード(なければゴムベラ)を差し込みます。生地と容器の間に粉が入るように、容器の壁際にもたくさん強力粉を振ってください。こうすると生地が落ちやすくなります。

9
オーブンシートの上に密閉容器をさかさまにして、生地が落ちてくるのを待ちます。生地が落ち切らない場合は、カードを使ってください(魚焼きグリルで焼く場合は、分量外の油をアルミホイルに塗って、その上に同じようにして生地を乗せてください)。

10
落ちた生地の両端を真ん中に折り込み、三つ折りにします。生地を長く置いておくとシートにくっついてしまうので、置かずにすぐ三つ折りにしてください。

焼成

11
下記を参照して生地を焼きます。焼き上がったらケーキクーラーなどに乗せて冷ましてからカットします。すぐに食べない場合は、ビニル袋などに入れて密封してください。

〈オーブントースター〉　生地をオーブンシートごと天板に乗せて、予熱なし、1200Wのオーブントースターで15分(900Wなら20分)焼く。
〈魚焼きグリル(両面焼き)〉　生地をグリルに入る程度の高さにし、アルミホイルごとグリルに入れて、予熱なし、弱火で5分焼く。表面が焼き固まったらアルミホイルを上にかけて、さらに13分焼く。
〈フライパン〉　生地をオーブンシートごとフライパンに入れ、予熱なし、ふたをして弱火で10分焼いたら裏返して、さらに10分焼く。
〈オーブン〉　生地をオーブンシートごと天板に乗せて、200℃に予熱したオーブンで20分焼く。
※いずれも目安の時間です。

a

ドデカポテトパン

T G F O

驚くほどのもっちり食感。
じゃがいもをふかしたときには、
50gだけこのパンのために
とっておいて焼いてみてほしい！

材料(1個分)
A
- 国産強力粉…180g
- 砂糖…5g
- 塩…2g
- インスタントドライイースト…2g

仕込み水
- 水…150g
- じゃがいも(ふかしておく)…50g

ローズマリー(ホール)…適量
オリーブオイル…大さじ2
岩塩…適量

計量

1
密閉容器に材料Aを計量しながら入れていきます。

2
ボウルに仕込み水を計量したらじゃがいもに加え、手でつぶしながら混ぜ込んでいきます(写真a、b)。

生地作り

3
密閉容器の中身をスプーンなどで簡単に混ぜます。

4
3へ仕込み水の8割を入れて、全体をぐるぐると混ぜます。

5
粉っぽいところにめがけて残りの仕込み水を加え、均一になるように混ぜます。目安は1分かからない程度です。

6
表面をスプーンで平らにしてください。

発酵

7
密閉容器のふたを閉め、冷蔵庫で8時間以上寝かせます。1.5～2倍くらいにふくらんだら発酵終了です。

成形

8
強力粉(分量外)を多めに振ります。生地をつぶさないよう注意して、容器の4面すべての壁を触るように、カード(なければゴムベラ)を差し込みます。生地と容器の間に粉が入るように、容器の壁際にもたくさん強力粉を振ってください。こうすると生地が落ちやすくなります。

9
オーブンシートの上に密閉容器をさかさまにして、生地が落ちてくるのを待ちます。生地が落ち切らない場合は、カードを使ってください(魚焼きグリルで焼く場合は、分量外の油をアルミホイルに塗って、その上に同じようにして生地を乗せてください)。

10
落ちた生地の両端を真ん中に折り込み、三つ折りにします。生地を長く置いておくとシートにくっついてしまうので、置かずにすぐ三つ折りにしてください。

11
オリーブオイルをかけて指でまんべんなくくぼみをつけたら、岩塩とローズマリーを全体にふりかけます。

焼成

12
下記を参照して生地を焼きます。焼き上がったらケーキクーラーなどに乗せて冷ましてからカットします。すぐに食べない場合は、ビニル袋などに入れて密封してください。

〈オーブントースター〉 生地をオーブンシートごと天板に乗せて、予熱なし、1200Wのオーブントースターで15分(900Wなら20分)焼く。
〈魚焼きグリル(両面焼き)〉 生地をグリルに入る程度の高さにし、アルミホイルごとグリルに入れて、予熱なし、弱火で5分焼く。表面が焼き固まったらアルミホイルを上にかけて、さらに13分焼く。
〈フライパン〉 生地をオーブンシートごとフライパンに入れ、予熱なし、ふたをして弱火で10分焼いたら裏返して、さらに10分焼く。
〈オーブン〉 生地をオーブンシートごと天板に乗せて、200℃に予熱したオーブンで20分焼く。
※いずれも目安の時間です。

a

b

ドデカごパン

T G F O

ごはんの甘みが優しいもっちりパン。ごはんが入っているからか、
パンなのに和のものにもぴったり。お味噌汁とごパン、合います！

材料(1個分)

A
- 国産強力粉…180g
- 砂糖…5g
- 塩…2g
- インスタントドライイースト…2g

仕込み水
- 牛乳…120g
- 水…30g

ごはん(冷ましたもの)…50g
白ごま・黒ごま…各小さじ1

計量

1
密閉容器に材料Aを計量しながら入れていきます。ここでごはんも加えます。

2
ボウルに仕込み水を計量します。

生地作り

3
密閉容器の中身をスプーンなどで簡単に混ぜます。

4
3へ仕込み水の8割を入れて、全体をぐるぐると混ぜます。

5
粉っぽいところにめがけて残りの仕込み水を加え、均一になるように混ぜます。目安は1分かからない程度です。

6
表面をスプーンで平らにしてください。

発酵

7
密閉容器のふたを閉め、冷蔵庫で8時間以上寝かせます。1.5〜2倍くらいにふくらんだら発酵終了です。

成形

8
強力粉(分量外)を多めに振ります。生地をつぶさないよう注意して、容器の4面すべての壁を触るように、カード(なければゴムベラ)を差し込みます。生地と容器の間に粉が入るように、容器の壁際にもたくさん強力粉を振ってください。こうすると生地が落ちやすくなります。

9
オーブンシートの上に密閉容器をさかさまにして、生地が落ちてくるのを待ちます。生地が落ち切らない場合は、カードを使ってください(魚焼きグリルで焼く場合は、分量外の油をアルミホイルに塗って、その上に同じようにして生地を乗せてください)。

10
落ちた生地の両端を真ん中に折り込み、三つ折りにします。生地を長く置いておくとシートにくっついてしまうので、置かずにすぐ三つ折りにしてください。

11
生地の表面にスプーンで牛乳(分量外)を塗ってから、ごまをたっぷりつけます(写真a、b)。

焼成

12
下記を参照して生地を焼きます。焼き上がったらケーキクーラーなどに乗せて冷ましてからカットします。すぐに食べない場合は、ビニル袋などに入れて密封してください。

〈オーブントースター〉 生地をオーブンシートごと天板に乗せて、予熱なし、1200Wのオーブントースターで15分(900Wなら20分)焼いたあと、上にアルミホイルをかけてさらに7分(900Wなら10分)焼く。
〈魚焼きグリル(両面焼き)〉 生地をグリルに入る程度の高さにし、アルミホイルごとグリルに入れて、予熱なし、弱火で5分焼く。表面が焼き固まったらアルミホイルを上にかけて、さらに15分焼く。
〈フライパン〉 生地をオーブンシートごとフライパンに入れ、予熱なし、ふたをして弱火で10分焼いたら裏返して、さらに13分焼く。
〈オーブン〉 生地をオーブンシートごと天板に乗せて、180°Cに予熱したオーブンで25分焼く。
※いずれも目安の時間です。

a

b

押し麦ドデカパン

T G F O

スーパーのお米売り場にある押し麦。食物繊維が豊富でうれしい食材。
パンに入れたら食べやすい上に、見た目も華やかに！

材料(1個分)

A
- 国産強力粉…180g
- 砂糖…5g
- 塩…2g
- インスタントドライイースト…2g

仕込み水／水…150g
押し麦…55g
(うち、トッピング用が5g)

計量

1
密閉容器に材料Aを計量しながら入れていきます。ここで押し麦50gも加えます(押し麦は下処理をしなくてもこの方法でパンに入れればそのまま食べられます)。

2
ボウルに仕込み水を計量します。

生地作り

3
密閉容器の中身をスプーンなどで簡単に混ぜます。

4
3へ仕込み水の8割を入れて、全体をぐるぐると混ぜます。

5
粉っぽいところにめがけて残りの仕込み水を加え、均一になるように混ぜます。目安は1分かからない程度です。

6
表面をスプーンで平らにしてください。

発酵

7
密閉容器のふたを閉め、冷蔵庫で8時間以上寝かせます。1.5〜2倍くらいにふくらんだら発酵終了です。

成形

8
強力粉(分量外)を多めに振ります。生地をつぶさないよう注意して、容器の4面すべての壁を触るように、カード(なければゴムベラ)を差し込みます。生地と容器の間に粉が入るように、容器の壁際にもたくさん強力粉を振ってください。こうすると生地が落ちやすくなります。

9
オーブンシートの上に密閉容器をさかさまにして、生地が落ちてくるのを待ちます。生地が落ち切らない場合は、カードを使ってください(魚焼きグリルで焼く場合は、分量外の油をアルミホイルに塗って、その上に同じようにして生地を乗せてください)。

10
落ちた生地の両端を真ん中に折り込み、三つ折りにします。生地を長く置いておくとシートにくっついてしまうので、置かずにすぐ三つ折りにしてください。

11
生地の表面にスプーンで牛乳(分量外)を塗ってから、残りの押し麦をつけます(写真a、b)。

焼成

12
下記を参照して生地を焼きます。焼き上がったらケーキクーラーなどに乗せて冷ましてからカットします。すぐに食べない場合は、ビニル袋などに入れて密封してください。

〈オーブントースター〉 生地をオーブンシートごと天板に乗せて、予熱なし、1200Wのオーブントースターで15分(900Wなら20分)焼いたあと、上にアルミホイルをかけてさらに7分(900Wなら10分)焼く。
〈魚焼きグリル(両面焼き)〉 生地をグリルに入る程度の高さにし、アルミホイルごとグリルに入れて、予熱なし、弱火で5分焼く。表面が焼き固まったらアルミホイルを上にかけて、さらに15分焼く。
〈フライパン〉 生地をオーブンシートごとフライパンに入れ、予熱なし、ふたをして弱火で10分焼いたら裏返して、さらに13分焼く。
〈オーブン〉 生地をオーブンシートごと天板に乗せて、180°Cに予熱したオーブンで25分焼く。
※いずれも目安の時間です。

a

b

豆乳ちぎりドデカパン

T G F O

栄養たっぷりの豆乳だけでこねてみました。
シンプルなので何にでも合わせやすいです。シチューといかがですか？

材料（1個分）

A
- 国産強力粉…130g
- 国産薄力粉…50g
- 砂糖…8g
- 塩…2g
- インスタントドライイースト…2g

仕込み水／豆乳…160g

計量

1
密閉容器に材料Aを計量しながら入れていきます。

2
ボウルに仕込み水を計量します。

生地作り

3
密閉容器の中身をスプーンなどで簡単に混ぜます。

4
3へ仕込み水の8割を入れて、全体をぐるぐると混ぜます。

5
粉っぽいところにめがけて残りの仕込み水を加え、均一になるように混ぜます。目安は1分かからない程度です。

6
表面をスプーンで平らにしてください。

発酵

7
密閉容器のふたを閉め、冷蔵庫で8時間以上寝かせます。1.5〜2倍くらいにふくらんだら発酵終了です。

成形

8
強力粉（分量外）を多めに振ります。生地をつぶさないよう注意して、容器の4面すべての壁を触るように、カード（なければゴムベラ）を差し込みます。生地と容器の間に粉が入るように、容器の壁際にもたくさん強力粉を振ってください。こうすると生地が落ちやすくなります。

9
オーブンシートの上に密閉容器をさかさまにして、生地が落ちてくるのを待ちます。生地が落ち切らない場合は、カードを使ってください（魚焼きグリルで焼く場合は、分量外の油をアルミホイルに塗って、その上に同じようにして生地を乗せてください）。

10
落ちた生地の両端を真ん中に折り込み、三つ折りにします。生地を長く置いておくとシートにくっついてしまうので、置かずにすぐ三つ折りにしてください。

11
さいばしを使って8等分にしていきます。強力粉（分量外）を生地に多めに振ったら、まず十字に線を入れます（写真a）。さいばしは下につくまでしっかり押し込み、上下に5㎜程度転がします。十字の間に線を入れたら、出来上がり（写真b）。

焼成

12
下記を参照して生地を焼きます。焼き上がったらケーキクーラーなどに乗せて冷ましてからカットします。すぐに食べない場合は、ビニル袋などに入れて密封してください。

〈オーブントースター〉 生地をオーブンシートごと天板に乗せて、予熱なし、1200Wのオーブントースターで15分（900Wなら20分）焼く。
〈魚焼きグリル（両面焼き）〉 生地をグリルに入る程度の高さにし、アルミホイルごとグリルに入れて、予熱なし、弱火で5分焼く。表面が焼き固まったらアルミホイルを上にかけて、さらに13分焼く。
〈フライパン〉 生地をオーブンシートごとフライパンに入れ、予熱なし、ふたをして弱火で10分焼いたら裏返して、さらに10分焼く。
〈オーブン〉 生地をオーブンシートごと天板に乗せて、200°Cに予熱したオーブンで20分焼く。
※いずれも目安の時間です。

a

b

胚芽ハムチーズドデカロール

T G F O

胚芽の入った香ばしいグラハム粉を使った、独特の風味と食感が楽しいパン。
中にハム、チーズを入れたら立派な惣菜パンです。

材料(1個分)

A
- 国産強力粉…130g
- グラハム粉…50g
- 砂糖…5g
- 塩…2g
- インスタントドライイースト…2g

仕込み水
- 牛乳…120g
- 水…30g

バター(溶かしたもの)…10g
ハム…3枚
スライスチーズ…2枚

計量

1
密閉容器に材料Aを計量しながら入れていきます。

2
ボウルに仕込み水を計量します。

3
バターは計量し、500Wのレンジで10〜20秒程度あたためて、溶かしておきます。

生地作り

4
密閉容器の中身をスプーンなどで簡単に混ぜます。

5
4へ仕込み水の8割を入れて、全体をぐるぐると混ぜます。

6
粉っぽいところにめがけて残りの仕込み水を加え、均一になるように混ぜます。目安は1分かからない程度です。

7
溶かしたバターを加えます(写真a)。スプーンで光沢が落ち着くまで混ぜたら(写真b)、表面をスプーンで平らにしてください。

発酵

8
密閉容器のふたを閉め、冷蔵庫で8時間以上寝かせます。1.5〜2倍くらいにふくらんだら発酵終了です。

成形

9
強力粉(分量外)を多めに振ります。生地をつぶさないよう注意して、容器の4面すべての壁を触るように、カード(なければゴムベラ)を差し込みます。生地と容器の間に粉が入るように、容器の壁際にもたくさん強力粉を振ってください。こうすると生地が落ちやすくなります。

10
オーブンシートの上に密閉容器をさかさまにして、生地が落ちてくるのを待ちます。生地が落ち切らない場合は、カードを使ってください(魚焼きグリルで焼く場合は、分量外の油をアルミホイルに塗って、その上に同じようにして生地を乗せてください)。

11
生地を広げたらチーズとハムを並べて、端からぐるぐる巻いていきます(写真c)。手で押さえて、少し平べったく整えます(写真d)。

焼成

12
下記を参照して生地を焼きます。焼き上がったらケーキクーラーなどに乗せて冷ましてからカットします。すぐに食べない場合は、ビニル袋などに入れて密封してください。

〈オーブントースター〉 生地をオーブンシートごと天板に乗せて、予熱なし、1200Wのオーブントースターで15分(900Wなら20分)焼いたあと、上にアルミホイルをかけてさらに7分(900Wなら10分)焼く。
〈魚焼きグリル(両面焼き)〉 生地をグリルに入る程度の高さにし、アルミホイルごとグリルに入れて、予熱なし、弱火で5分焼く。表面が焼き固まったらアルミホイルを上にかけて、さらに15分焼く。
〈フライパン〉 生地をオーブンシートごとフライパンに入れ、予熱なし、ふたをして弱火で10分焼いたら裏返して、さらに13分焼く。
〈オーブン〉 生地をオーブンシートごと天板に乗せて、180℃に予熱したオーブンで25分焼く。
※いずれも目安の時間です。

a

b

c

d

ドデカカレーパン

T F O

カットして食べる大きな大きなカレーパン。
中にはご自宅で残ったカレーにひと手間加えても、いれることができます！

材料(1個分)

A
- 国産強力粉…180g
- 砂糖…5g
- カレー粉…2g
- 塩…2g
- インスタントドライイースト…2g

仕込み水
- 全卵1個＋水…100g
- 牛乳…60g

オリーブオイル…大さじ1弱
カレー(汁気の少ないもの。冷ましておく)…150g
パン粉…適量

計量

1
密閉容器に材料Aを計量しながら入れていきます。

2
ボウルに仕込み水を計量します。

生地作り

3
密閉容器の中身をスプーンなどで簡単に混ぜます。

4
3へ仕込み水の8割を入れて、全体をぐるぐると混ぜます。

5
粉っぽいところにめがけて残りの仕込み水を加え、均一になるように混ぜます。目安は1分かからない程度です。

6
オリーブオイルを加え、スプーンで光沢が落ち着くまで混ぜたら、表面をスプーンで平らにしてください。

発酵

7
密閉容器のふたを閉め、冷蔵庫で8時間以上寝かせます。1.5〜2倍くらいにふくらんだら発酵終了です。

成形

8
強力粉(分量外)を多めに振ります。生地をつぶさないよう注意して、容器の4面すべての壁を触るように、カード(なければゴムベラ)を差し込みます。生地と容器の間に粉が入るように、容器の壁際にもたくさん強力粉を振ってください。こうすると生地が落ちやすくなります。

9
オーブンシートの上に密閉容器をさかさまにして、生地が落ちてくるのを待ちます。生地が落ち切らない場合は、カードを使ってください(魚焼きグリルで焼く場合は、分量外の油をアルミホイルに塗って、その上に同じようにして生地を乗せてください)。

10
生地を広げ、カレーを真ん中に乗せたら、両端を真ん中に折り込み、三つ折りにします(写真a、b)。落ちた生地を長く置いておくとシートにくっついてしまうので、素早く作業しましょう。

11
生地の表面にスプーンでオリーブオイル(分量外)を塗ってから、パン粉をつけます(写真c)。

焼成

12
下記を参照して生地を焼きます。焼き上がったらケーキクーラーなどに乗せて冷ましてからカットします。すぐに食べない場合は、ビニル袋などに入れて密封してください。

〈オーブントースター〉 生地をオーブンシートごと天板に乗せて、予熱なし、1200Wのオーブントースターで15分(900Wなら20分)焼いたあと、上にアルミホイルをかけてさらに7分(900Wなら10分)焼く。
〈フライパン〉 生地をオーブンシートごとフライパンに入れ、予熱なし、ふたをして弱火で10分焼いたら裏返して、さらに13分焼く。
〈オーブン〉 生地をオーブンシートごと天板に乗せて、180℃に予熱したオーブンで25分焼く。
※いずれも目安の時間です。

カレーの作り方

材料(ドデカカレーパン2個分)
牛ひき肉…50g
玉ねぎ(みじん切りにしたもの)…中1個
ミックスビーンズ…1缶(110g程度)
水…100g
カレールー…2皿分

作り方
1 フライパンに油(分量外)をひき牛ひき肉を炒め、火が通ったら玉ねぎを加える。
2 水を入れて一煮立ちさせ、ミックスビーンズを入れてもう一煮立ちさせたら、カレールーを入れる。
3 写真dのようにフライパンの真ん中をしゃもじで触り、流れてこない程度に水分を飛ばせばOK。

※市販のレトルトパックや水分の多いものを使うときは、水溶きかたくり粉(分量外)でとろみをつけてください。写真dのように、跡がつくぐらいの硬さになれば大丈夫です。

a

b

c

d

野菜炒めドデカパン

T G O

野菜室に残っている野菜を炒めてパンにぐるぐる……
惣菜パンにしてみましょう。

材料（1個分）

A
- 国産強力粉…180g
- 砂糖…5g
- 塩…2g
- インスタントドライイースト…2g

仕込み水
- 牛乳…120g
- 水…30g

オリーブオイル…大さじ1弱
野菜炒め（冷ましておく）…150g
ピザ用チーズ…適量

計量

1
密閉容器に材料Aを計量しながら入れていきます。

2
ボウルに仕込み水を計量します。

生地作り

3
密閉容器の中身をスプーンなどで簡単に混ぜます。

4
3へ仕込み水の8割を入れて、全体をぐるぐると混ぜます。

5
粉っぽいところにめがけて残りの仕込み水を加え、均一になるように混ぜます。目安は1分かからない程度です。

6
オリーブオイルを加え、スプーンで光沢が落ち着くまで混ぜたら、表面をスプーンで平らにしてください。

発酵

7
密閉容器のふたを閉め、冷蔵庫で8時間以上寝かせます。1.5〜2倍くらいにふくらんだら発酵終了です。

成形

8
強力粉（分量外）を多めに振ります。生地をつぶさないよう注意して、容器の4面すべての壁を触るように、カード（なければゴムベラ）を差し込みます。生地と容器の間に粉が入るように、容器の壁際にもたくさん強力粉を振ってください。こうすると生地が落ちやすくなります。

9
オーブンシートの上に密閉容器をさかさまにして、生地が落ちてくるのを待ちます。生地が落ち切らない場合は、カードを使ってください（魚焼きグリルで焼く場合は、分量外の油をアルミホイルに塗って、その上に同じようにして生地を乗せてください）。

10
生地を広げ、野菜炒めを全体に乗せたら、両端を真ん中に折り込み、三つ折りにしたらピザ用チーズを乗せます（写真a〜c）。落ちた生地を長く置いておくとシートにくっついてしまうので、素早く作業しましょう。

焼成

11
下記を参照して生地を焼きます。焼き上がったらケーキクーラーなどに乗せて冷ましてからカットします。すぐに食べない場合は、ビニル袋などに入れて密封してください。

〈オーブントースター〉　生地をオーブンシートごと天板に乗せて、予熱なし、1200Wのオーブントースターで15分（900Wなら20分）焼いたあと、上にアルミホイルをかけてさらに7分（900Wなら10分）焼く。
〈魚焼きグリル（両面焼き）〉　生地をグリルに入る程度の高さにし、アルミホイルごとグリルに入れて、予熱なし、弱火で5分焼く。表面が焼き固まったらアルミホイルを上にかけて、さらに15分焼く。
〈オーブン〉　生地をオーブンシートごと天板に乗せて、180℃に予熱したオーブンで25分焼く。
※いずれも目安の時間です。

野菜炒めの作り方

材料
ほうれん草、しめじ、パプリカ、ベーコン…それぞれ同量程度
塩、黒こしょう…適量

作り方
ほうれん草、パプリカ、ベーコンは一口大にカットし、しめじは小房に分けます。フライパンに油（分量外）をひいて具を炒め、しんなりしてきたら塩と黒こしょうで味を調えます。

a

b

c

雑穀ドデカパン

T G F O

ぷちぷちという食感の楽しいパン。豊富な栄養を含む雑穀が入っている上、
飽きがこないのでおうちの定番パンにどうぞ！

材料(1個分)

A
- 国産強力粉…180g
- 砂糖…5g
- 塩…2g
- インスタントドライイースト…2g

仕込み水
- 牛乳…120g
- 水…30g

パン用雑穀…20g

※炊飯用の雑穀の場合は、
水でふやかしてから使ってください。

計量

1
密閉容器に材料Aを計量しながら入れていきます。ここでパン用雑穀も加えます(写真a)。

2
ボウルに仕込み水を計量します。

生地作り

3
密閉容器の中身をスプーンなどで簡単に混ぜます。

4
3へ仕込み水の8割を入れて、全体をぐるぐると混ぜます。

5
粉っぽいところにめがけて残りの仕込み水を加え、均一になるように混ぜます。目安は1分かからない程度です。

6
表面をスプーンで平らにしてください。

発酵

7
密閉容器のふたを閉め、冷蔵庫で8時間以上寝かせます。1.5〜2倍くらいにふくらんだら発酵終了です。

成形

8
強力粉(分量外)を多めに振ります。生地をつぶさないよう注意して、容器の4面すべての壁を触るように、カード(なければゴムベラ)を差し込みます。生地と容器の間に粉が入るように、容器の壁際にもたくさん強力粉を振ってください。こうすると生地が落ちやすくなります。

9
オーブンシートの上に密閉容器をさかさまにして、生地が落ちてくるのを待ちます。生地が落ち切らない場合は、カードを使ってください(魚焼きグリルで焼く場合は、分量外の油をアルミホイルに塗って、その上に同じようにして生地を乗せてください)。

10
落ちた生地の両端を真ん中に折り込み、三つ折りにします。生地を長く置いておくとシートにくっついてしまうので、置かずにすぐ三つ折りにしてください。

焼成

11
下記を参照して生地を焼きます。焼き上がったらケーキクーラーなどに乗せて冷ましてからカットします。すぐに食べない場合は、ビニル袋などに入れて密封してください。

〈オーブントースター〉 生地をオーブンシートごと天板に乗せて、予熱なし、1200Wのオーブントースターで15分(900Wなら20分)焼く。
〈魚焼きグリル(両面焼き)〉 生地をグリルに入る程度の高さにし、アルミホイルごとグリルに入れて、予熱なし、弱火で5分焼く。表面が焼き固まったらアルミホイルを上にかけて、さらに13分焼く。
〈フライパン〉 生地をオーブンシートごとフライパンに入れ、予熱なし、ふたをして弱火で10分焼いたら裏返して、さらに10分焼く。
〈オーブン〉 生地をオーブンシートごと天板に乗せて、200°Cに予熱したオーブンで20分焼く。
※いずれも目安の時間です。

a

chapter 3

やさしい甘さのおやつドデカパン

ダークチェリーのドデカブリオッシュ

T G O

しっかり卵の入ったリッチなパンも簡単に！　生地にダークチェリーを乗せれば
立派なデザートパンの出来上がり。

材料(1個分)

A
- 国産強力粉…130g
- 国産薄力粉…50g
- 砂糖…15g
- 塩…2g
- インスタントドライイースト…2g

仕込み水
- 牛乳…80g
- 全卵1個＋水…80g

バター(溶かしたもの)…20g
ダークチェリー…8粒
バター(細かくしたもの)…20g程度
砂糖…適量

計量

1
密閉容器に材料Aを計量しながら入れていきます。

2
ボウルに仕込み水を計量します。

3
バター20gは計量し、500Wのレンジで10〜20秒程度あたためて、溶かしておきます。

生地作り

4
密閉容器の中身をスプーンなどで簡単に混ぜます。

5
4へ仕込み水の8割を入れて、全体をぐるぐると混ぜます。

6
粉っぽいところにめがけて残りの仕込み水を加え、均一になるように混ぜます。目安は1分かからない程度です。

7
溶かしたバターを加えます(写真a)。スプーンで光沢が落ち着くまで混ぜたら(写真b)、表面をスプーンで平らにしてください。

発酵

8
密閉容器のふたを閉め、冷蔵庫で8時間以上寝かせます。1.5〜2倍くらいにふくらんだら発酵終了です。

成形

9
強力粉(分量外)を多めに振ります。生地をつぶさないよう注意して、容器の4面すべての壁を触るように、カード(なければゴムベラ)を差し込みます。生地と容器の間に粉が入るように、容器の壁際にもたくさん強力粉を振ってください。こうすると生地が落ちやすくなります。

10
オーブンシートの上に密閉容器をさかさまにして、生地が落ちてくるのを待ちます。生地が落ち切らない場合は、カードを使ってください(魚焼きグリルで焼く場合は、分量外の油をアルミホイルに塗って、その上に同じようにして生地を乗せてください)。

11
落ちた生地の両端を真ん中に折り込み、三つ折りにします。生地を長く置いておくとシートにくっついてしまうので、置かずにすぐ三つ折りにしてください。

12
生地をオーブンシートごと天板(グリルの場合はアルミホイル)に乗せて、平たくつぶします(写真c)。指になたね油(分量外)をつけてくぼみをつけ、ダークチェリーを埋め込むようにして生地に入れます(写真d)。

13
細かくしたバター20g程度を散らし、砂糖をふりかけます(写真e)。

焼成

14
下記を参照して生地を焼きます。焼き上がったらケーキクーラーなどに乗せて冷ましてからカットします。すぐに食べない場合は、ビニル袋などに入れて密封してください。

〈オーブントースター〉　予熱なし、1200Wのオーブントースターで15分(900Wなら20分)焼く。
〈魚焼きグリル(両面焼き)〉　生地をグリルに入る程度の高さにし、アルミホイルごとグリルに入れて、予熱なし、弱火で5分焼く。表面が焼き固まったらアルミホイルを上にかけて、さらに10分焼く。
〈オーブン〉　200°Cに予熱したオーブンで20分焼く。
※いずれも目安の時間です。

d

a

b

c

e

ドデカブリオッシュのアレンジ

ダークチェリーが手に入らないときは、こんなアレンジもお勧めです。

洋なしバター

T G O

洋なしとバターで
まるでケーキのような組み合わせ。
見た目も華やかなので、
手土産にしてもＯＫ。

a

材料(1個分)

A
- 国産強力粉…130g
- 国産薄力粉…50g
- 砂糖…15g
- 塩…2g
- インスタントドライイースト…2g

仕込み水
- 牛乳…80g
- 全卵1個＋水…80g

バター(溶かしたもの)…20g

洋なし(缶詰をスライスしたもの)…1個

※洋なしが手に入りにくいようなら、缶詰の黄桃に替えてもおいしいです。

バター(細かくしたもの)…20g程度

作り方

1　ドデカブリオッシュの作り方1〜11(Ｐ48)の要領で生地を作ります。

2　三つ折りにした1の生地をオーブンシートごと天板(グリルの場合はアルミホイル)に乗せて、指になたね油(分量外)をつけ、まんべんなくくぼみをつけます。天板につくくらいしっかりと指を押し込んでください。

3　洋なしを並べ、細かくしたバター20g程度を散らします(写真a)。

4　ドデカブリオッシュの作り方14(Ｐ48)の要領で焼成したら完成です。

クッキーonドデカ

T G O

クッキー生地を
全体にかぶせたら
メロンパンになるこちら。
こんな風に遊んでみても。

材料(1個分)

A
- 国産強力粉…130g
- 国産薄力粉…50g
- 砂糖…15g
- 塩…2g
- インスタントドライイースト…2g

仕込み水
- 牛乳…80g
- 全卵1個＋水…80g

バター(溶かしたもの)…20g

クッキー生地…好きなだけ

作り方

1　ドデカブリオッシュの作り方1〜11(Ｐ48)の要領で生地を作ります。

2　三つ折りにした1の生地をオーブンシートごと天板(グリルの場合はアルミホイル)に乗せて、指になたね油(分量外)をつけ、まんべんなくくぼみをつけます。天板につくくらいしっかりと指を押し込んでください。

3　クッキー生地を伸ばし好きな形に型抜きして、2の生地に乗せます(写真a、b)。あまったクッキー生地も置ければ一緒に焼いてしまいましょう。

4　ドデカブリオッシュの作り方14(Ｐ48)の要領で焼成したら完成です。

a

b

クッキー生地の作り方

材料

薄力粉…100g
無塩バター…45g
グラニュー糖…45g
全卵(溶いておく)…23g
バニラオイル…数滴

作り方

1　泡立て器でバターをクリーム状になるまで混ぜます。

2　グラニュー糖を3回に分けて混ぜ、さらに卵を少量ずつ加えて混ぜ、バニラオイルを入れます。

3　薄力粉を入れ、ゴムベラで切るようにさっくりと混ぜます。生地がまとまったら完成です。ラップにくるんで、冷蔵庫に入れてください。

※クッキー生地は3日程度冷蔵庫で保存できますが、早めに使い切ってください。

ドデカあんパン

T F O

大きな大きなカットして食べるあんパンです。あんこを買うときは、汁気の少ないものを選ぶのが成功のポイント。ゆであずきと間違えないように！

材料(1個分)

A ┌ 国産強力粉…130g
　│ 国産薄力粉…50g
　│ 砂糖…15g
　│ 塩…2g
　└ インスタントドライイースト…2g

仕込み水 ┌ 全卵1個＋水…100g
　　　　 └ 牛乳…60g

バター(溶かしたもの)…10g
あんこ…250g
※触って手にまとわりつかない固さのもの。
バター(細かくしたもの)…20g程度
くるみ(ローストしたもの)…30g
※160℃に予熱したオーブンで15分程度ローストする。

計量

1
密閉容器に材料Aを計量しながら入れていきます。

2
ボウルに仕込み水を計量します。

3
バター10gは計量し、500Wのレンジで10〜20秒程度あたためて、溶かしておきます。

生地作り

4
密閉容器の中身をスプーンで簡単に混ぜます。

5
4へ仕込み水の8割を入れて、全体をぐるぐると混ぜます。

6
粉っぽいところにめがけて残りの仕込み水を加え、均一になるように混ぜます。目安は1分かからない程度です。

7
溶かしたバターを加え、スプーンで光沢が落ち着くまで混ぜます。

8
生地の表面をスプーンで平らにして、均一になるようにくるみを置いて、一度折りたたんでからまた平らにしてください。

発酵

9
密閉容器のふたを閉め、冷蔵庫で8時間以上寝かせます。1.5〜2倍くらいにふくらんだら発酵終了です。

成形

10
強力粉(分量外)を多めに振ります。生地をつぶさないよう注意して、容器の4面すべての壁を触るように、カード(なければゴムベラ)を差し込みます。生地と容器の間に粉が入るように、容器の壁際にもたくさん強力粉を振ってください。こうすると生地が落ちやすくなります。

11
オーブンシートの上に密閉容器をさかさまにして、生地が落ちてくるのを待ちます。生地が落ち切らない場合は、カードを使ってください。

12
生地を広げ、あんこを真ん中に乗せたら(写真a)、両端を真ん中に折り込み、三つ折りにします(写真b)。落ちた生地を長く置いておくとシートにくっついてしまうので、素早く作業しましょう。

13
細かくしたバター20g程度を散らします。

焼成

14
下記を参照して生地を焼きます。焼き上がったらケーキクーラーなどに乗せて冷ましてからカットします。すぐに食べない場合は、ビニル袋などに入れて密封してください。

〈オーブントースター〉 生地をオーブンシートごと天板に乗せて、予熱なし、1200Wのオーブントースターで15分(900Wなら20分)焼いたあと、上にアルミホイルをかけてさらに7分(900Wなら10分)焼く。
〈フライパン〉 生地をオーブンシートごとフライパンに入れ、予熱なし、ふたをして弱火で10分焼いたら裏返して、さらに13分焼く。
〈オーブン〉 生地をオーブンシートごと天板に乗せて、180℃に予熱したオーブンで25分焼く。
※いずれも目安の時間です。

a

b

V.PAVIOT
V.PAVIOT

メープル甘栗ドデカパン

T G F O　※フライパンの場合、クープは入れられません。

メープルの香りが幸せなパンです。甘栗はスーパーやコンビニで
手に入るもので作れちゃうお手軽さ！

材料(1個分)

A
- 国産強力粉…130g
- 国産薄力粉…50g
- 砂糖…8g
- 塩…2g
- インスタントドライイースト…2g

仕込み水
- 牛乳…80g
- メープルシロップ…40g
- 水…40g

バター(溶かしたもの)…10g

甘栗…50g

※市販のむき甘栗を使うと便利です。

バター(細かくしたもの)…20g程度

砂糖…適量

計量

1
密閉容器に材料Aを計量しながら入れていきます。

2
ボウルに仕込み水を計量します。

3
バター10gは計量し、500Wのレンジで10～20秒程度あたためて、溶かしておきます。

生地作り

4
密閉容器の中身をスプーンなどで簡単に混ぜます。

5
4へ仕込み水の8割を入れて、全体をぐるぐると混ぜます。

6
粉っぽいところにめがけて残りの仕込み水を加え、均一になるように混ぜます。目安は1分かからない程度です。

7
溶かしたバターを加えます。スプーンで光沢が落ち着くまで混ぜたら、表面をスプーンで平らにしてください。

発酵

8
密閉容器のふたを閉め、冷蔵庫で8時間以上寝かせます。1.5～2倍くらいにふくらんだら発酵終了です。

成形

9
強力粉(分量外)を多めに振ります。生地をつぶさないよう注意して、容器の4面すべての壁を触るように、カード(なければゴムベラ)を差し込みます。生地と容器の間に粉が入るように、容器の壁際にもたくさん強力粉を振ってください。こうすると生地が落ちやすくなります。

10
オーブンシートの上に密閉容器をさかさまにして、生地が落ちてくるのを待ちます。生地が落ち切らない場合は、カードを使ってください(魚焼きグリルで焼く場合は、分量外の油をアルミホイルに塗って、その上に同じようにして生地を乗せてください)。

11
生地を広げ、甘栗を真ん中に乗せたら(写真a)、両端を真ん中に折り込み、三つ折りにします(写真b)。落ちた生地を長く置いておくとシートにくっついてしまうので、素早く作業しましょう。

12
ナイフを寝かせながらクープ(切れ目)を3本入れていきます。強力粉(分量外)を多めに振ったら、斜めに3本クープを入れます。深さは7㎜くらい、しっかり入れてください。

13
細かくしたバター20g程度を散らし、砂糖をふりかけます(写真c)。

焼成

14
下記を参照して生地を焼きます。焼き上がったらケーキクーラーなどに乗せて冷ましてからカットします。すぐに食べない場合は、ビニル袋などに入れて密封してください。

〈オーブントースター〉　生地をオーブンシートごと天板に乗せて、予熱なし、1200Wのオーブントースターで15分(900Wなら20分)焼いたあと、上にアルミホイルをかけてさらに7分(900Wなら10分)焼く。

〈魚焼きグリル(両面焼き)〉　生地をグリルに入る程度の高さにし、アルミホイルごとグリルに入れて、予熱なし、弱火で5分焼く。表面が焼き固まったらアルミホイルを上にかけて、さらに15分焼く。

〈フライパン〉　生地をオーブンシートごとフライパンに入れ、予熱なし、ふたをして弱火で10分焼いたら裏返して、さらに13分焼く。

〈オーブン〉　生地をオーブンシートごと天板に乗せて、180℃に予熱したオーブンで25分焼く。

※いずれも目安の時間です。

a

b

c

ドデカアップルクランブル T G O

ひと手間でカリカリおいしいクランブルが！
煮りんごとクランブルのおいしさが間違いのない組み合わせです。

材料（1個分）

A ［国産強力粉…130g
　 国産薄力粉…50g
　 砂糖…10g
　 塩…2g
　 インスタントドライイースト…2g

仕込み水［全卵1個＋水…100g
　　　　　牛乳…60g

バター（溶かしたもの）…10g
煮りんご…中2分の1個
クランブル生地…50g

計量

1
密閉容器に材料Aを計量しながら入れていきます。

2
ボウルに仕込み水を計量します。

3
バター10gは計量し、500Wのレンジで10〜20秒程度あたためて、溶かしておきます。

生地作り

4
密閉容器の中身をスプーンなどで簡単に混ぜます。

5
4へ仕込み水の8割を入れて、全体をぐるぐると混ぜます。

6
粉っぽいところにめがけて残りの仕込み水を加え、均一になるように混ぜます。目安は1分かからない程度です。

7
溶かしたバターを加え、スプーンで光沢が落ち着くまで混ぜます。

8
生地の表面をスプーンで平らにして、均一になるようにりんごを置いて、一度折りたたんでからまた平らにしてください。

発酵

9
密閉容器のふたを閉め、冷蔵庫で8時間以上寝かせます。1.5〜2倍くらいにふくらんだら発酵終了です。

成形

10
強力粉（分量外）を多めに振ります。生地をつぶさないよう注意して、容器の4面すべての壁を触るように、カード（なければゴムベラ）を差し込みます。生地と容器の間に粉が入るように、容器の壁際にもたくさん強力粉を振ってください。こうすると生地が落ちやすくなります。

11
オーブンシートの上に密閉容器をさかさまにして、生地が落ちてくるのを待ちます。生地が落ち切らない場合は、カードを使ってください（魚焼きグリルで焼く場合は、分量外の油をアルミホイルに塗って、その上に同じようにして生地を乗せてください）。

12
落ちた生地の両端を真ん中に折り込み、三つ折りにします。生地を長く置いておくとシートにくっついてしまうので、置かずにすぐ三つ折りにしてください。

13
生地をオーブンシートごと天板（グリルの場合はアルミホイル）に乗せて、指になたね油（分量外）をつけ、まんべんなくくぼみをつけます。天板につくくらいしっかりと指を押し込んでください。

14
クランブル生地を全体に散らします。

焼成

15
下記を参照して生地を焼きます。焼き上がったらケーキクーラーなどに乗せて冷ましてからカットします。すぐに食べない場合は、ビニル袋などに入れて密封してください。

〈オーブントースター〉　予熱なし、1200Wのオーブントースターで15分（900Wなら20分）焼いたあと、上にアルミホイルをかけてさらに7分（900Wなら10分）焼く。
〈魚焼きグリル（両面焼き）〉　生地をグリルに入る程度の高さにし、アルミホイルごとグリルに入れて、予熱なし、弱火で5分焼く。表面が焼き固まったらアルミホイルを上にかけて、さらに15分焼く。
〈オーブン〉　180°Cに予熱したオーブンで25分焼く。
※いずれも目安の時間です。

煮りんごの作り方

材料
りんご（いちょう切りにしたもの）…中2分の1個、砂糖…15g

作り方
1　鍋にりんごを入れ、砂糖をまぶして一晩おいておく。
2　水気が出たら、焦げ付かないように木べらで混ぜながら弱火で7〜8分間煮る。
3　りんごがやわらかくなったら火を止めてそのまま冷めるまでおく。

クランブル生地の作り方

材料
A〈薄力粉…20g、砂糖…20g、くるみ…20g〉、バター（1cm角に切ったもの）…20g

作り方
1　Aをボウルに入れ、カードで切り混ぜる。
2　バターを加えて、同じように切り混ぜる（写真a）。
3　バターが細かくなったら、指ですりつぶしながら全体がそぼろ状に細かくなるまで混ぜる（粒の大小はそのままでOK、写真b）。

※出来上がったクランブル生地は密閉袋に入れて冷凍保存できます。1か月くらいを目安に食べ切ってください。

抹茶黒豆ドデカパン

T G F O

抹茶に黒豆という、ザ・和風ドデカパンです。
カットした断面もとても素敵。おもてなしにもぜひ。

材料(1個分)

- A
  - 国産強力粉…130g
  - 国産薄力粉…50g
  - 砂糖…15g
  - 抹茶…5g
  - 塩…2g
  - インスタントドライイースト…2g
- 仕込み水
  - 牛乳…120g
  - 水…30g
- バター(溶かしたもの)…10g
- 黒豆(煮たもの)…60 g

計量

1
密閉容器に材料Aを計量しながら入れていきます。

2
ボウルに仕込み水を計量します。

3
バター10gは計量し、500Wのレンジで10〜20秒程度あたためて、溶かしておきます。

生地作り

4
密閉容器の中身をスプーンなどで簡単に混ぜます。

5
4へ仕込み水の8割を入れて、全体をぐるぐると混ぜます。

6
粉っぽいところにめがけて残りの仕込み水を加え、均一になるように混ぜます。目安は1分かからない程度です。

7
溶かしたバターを加えます。スプーンで光沢が落ち着くまで混ぜたら、表面をスプーンで平らにしてください。

発酵

8
密閉容器のふたを閉め、冷蔵庫で8時間以上寝かせます。1.5〜2倍くらいにふくらんだら発酵終了です。

成形

9
強力粉(分量外)を多めに振ります。生地をつぶさないよう注意して、容器の4面すべての壁を触るように、カード(なければゴムベラ)を差し込みます。生地と容器の間に粉が入るように、容器の壁際にもたくさん強力粉を振ってください。こうすると生地が落ちやすくなります。

10
オーブンシートの上に密閉容器をさかさまにして、生地が落ちてくるのを待ちます。生地が落ち切らない場合は、カードを使ってください(魚焼きグリルで焼く場合は、分量外の油をアルミホイルに塗って、その上に同じようにして生地を乗せてください)。

11
生地を広げ、上を少しあけて黒豆を敷きつめたら(写真a)、両端を真ん中に折り込み、三つ折りにします(写真b)。落ちた生地を長く置いておくとシートにくっついてしまうので、素早く作業しましょう。

焼成

12
下記を参照して生地を焼きます。焼き上がったらケーキクーラーなどに乗せて冷ましてからカットします。すぐに食べない場合は、ビニル袋などに入れて密封してください。

〈オーブントースター〉 生地をオーブンシートごと天板に乗せて、予熱なし、1200Wのオーブントースターで15分(900Wなら20分)焼いたあと、上にアルミホイルをかけてさらに7分(900Wなら10分)焼く。
〈魚焼きグリル(両面焼き)〉 生地をグリルに入る程度の高さにし、アルミホイルごとグリルに入れて、予熱なし、弱火で5分焼く。表面が焼き固まったらアルミホイルを上にかけて、さらに15分焼く。
〈フライパン〉 生地をオーブンシートごとフライパンに入れ、予熱なし、ふたをして弱火で10分焼いたら裏返して、さらに13分焼く。
〈オーブン〉 生地をオーブンシートごと天板に乗せて、180°Cに予熱したオーブンで25分焼く。
※いずれも目安の時間です。

a

b

チョコチップドデカパン

T G F O

甘いミルクココア生地にチョコレートが入っています。
我が家の息子たちも、生徒さんや友人の子どもたちも大好き！

材料(1個分)

A
- 国産強力粉…130g
- 国産薄力粉…50g
- ミルクココア…15g
- 砂糖…10g
- 塩…2g
- インスタントドライイースト…2g

仕込み水／水…150g
バター(溶かしたもの)…10g
チョコチップ…50g

計量

1
密閉容器に材料Aを計量しながら入れていきます。

2
ボウルに仕込み水を計量します。

3
バター10gは計量し、500Wのレンジで10〜20秒程度あたためて、溶かしておきます。

生地作り

4
密閉容器の中身をスプーンなどで簡単に混ぜます。

5
4へ仕込み水の8割を入れて、全体をぐるぐると混ぜます。

6
粉っぽいところにめがけて残りの仕込み水を加え、均一になるように混ぜます。目安は1分かからない程度です。

7
溶かしたバターを加えます。スプーンで光沢が落ち着くまで混ぜたら、表面をスプーンで平らにしてください。

8
生地の表面をスプーンで平らにして、チョコチップを散らして、一度折りたたんでからまた平らにしてください。

発酵

9
密閉容器のふたを閉め、冷蔵庫で8時間以上寝かせます。1.5〜2倍くらいにふくらんだら発酵終了です。

成形

10
強力粉(分量外)を多めに振ります。生地をつぶさないよう注意して、容器の4面すべての壁を触るように、カード(なければゴムベラ)を差し込みます。生地と容器の間に粉が入るように、容器の壁際にもたくさん強力粉を振ってください。こうすると生地が落ちやすくなります。

11
オーブンシートの上に密閉容器をさかさまにして、生地が落ちてくるのを待ちます。生地が落ち切らない場合は、カードを使ってください(魚焼きグリルで焼く場合は、分量外の油をアルミホイルに塗って、その上に同じようにして生地を乗せてください)。

12
落ちた生地の両端を真ん中に折り込み、三つ折りにします。生地を長く置いておくとシートにくっついてしまうので、置かずにすぐ三つ折りにしてください。

13
三つ折りにした生地を、さいばしを使って8等分にしていきます。強力粉(分量外)を生地に多めに振ったら、まず十字に線を入れます(写真a)。さいばしは下につくまでしっかり押し込み、上下に5㎜程度転がします。同じようにして、十字の間にも線を入れます(写真b)。

焼成

14
下記を参照して生地を焼きます。焼き上がったらケーキクーラーなどに乗せて冷ましてからカットします。すぐに食べない場合は、ビニル袋などに入れて密封してください。

〈オーブントースター〉 生地をオーブンシートごと天板に乗せて、予熱なし、1200Wのオーブントースターで15分(900Wなら20分)焼く。
〈魚焼きグリル(両面焼き)〉 生地をグリルに入る程度の高さにし、アルミホイルごとグリルに入れて、予熱なし、弱火で5分焼く。表面が焼き固まったらアルミホイルを上にかけて、さらに13分焼く。
〈フライパン〉 生地をオーブンシートごとフライパンに入れ、予熱なし、ふたをして弱火で10分焼いたら裏返して、さらに10分焼く。
〈オーブン〉 生地をオーブンシートごと天板に乗せて、200℃に予熱したオーブンで20分焼く。
※いずれも目安の時間です。

a

b

いちじくとくるみのライ麦ドデカパン

T G F O　※フライパンの場合、クープは入れられません。

ライ麦の入った生地に、いちじくとくるみ。これにチーズとワインがあれば
おうちワインパーティのはじまりはじまり〜。

材料(1個分)

A
- 国産強力粉…150g
- ライ麦粉…30g
- 砂糖…5g
- 塩　2g
- インスタントドライイースト…2g

仕込み水／水…150g
ドライいちじく
(一口大にカットしたもの)…50g
くるみ(ローストしたもの)…50g
※160℃に予熱したオーブンで
15分程度ローストする。

計量

1
密閉容器に材料Aを計量しながら入れていきます。

2
ボウルに仕込み水を計量します。

生地作り

3
密閉容器の中身をスプーンなどで簡単に混ぜます。

4
3へ仕込み水の8割を入れて、全体をぐるぐると混ぜます。

5
粉っぽいところにめがけて残りの仕込み水を加え、均一になるように混ぜます。目安は1分かからない程度です。

6
生地の表面をスプーンで平らにして、均一になるようにいちじくとくるみを置いて、一度折りたたんでからまた平らにしてください。

発酵

7
密閉容器のふたを閉め、冷蔵庫で8時間以上寝かせます。1.5〜2倍くらいにふくらんだら発酵終了です。

成形

8
強力粉(分量外)を多めに振ります。生地をつぶさないよう注意して、容器の4面すべての壁を触るように、カード(なければゴムベラ)を差し込みます。生地と容器の間に粉が入るように、容器の壁際にもたくさん強力粉を振ってください。こうすると生地が落ちやすくなります。

9
オーブンシートの上に密閉容器をさかさまにして、生地が落ちてくるのを待ちます。生地が落ち切らない場合は、カードを使ってください(魚焼きグリルで焼く場合は、分量外の油をアルミホイルに塗って、その上に同じようにして生地を乗せてください)。

10
落ちた生地の両端を真ん中に折り込み、三つ折りにします。生地を長く置いておくとシートにくっついてしまうので、置かずにすぐ三つ折りにしてください。

11
ナイフを寝かせながらクープ(切れ目)を入れていきます。強力粉(分量外)を多めに振ったら、×になるようにクープを入れます(写真a、b)。深さは7㎜くらい、しっかり入れてください。

焼成

12
下記を参照して生地を焼きます。焼き上がったらケーキクーラーなどに乗せて冷ましてからカットします。すぐに食べない場合は、ビニル袋などに入れて密封してください。

〈オーブントースター〉　生地をオーブンシートごと天板に乗せて、予熱なし、1200Wのオーブントースターで15分(900Wなら20分)焼く。
〈魚焼きグリル(両面焼き)〉　生地をグリルに入る程度の高さにし、アルミホイルごとグリルに入れて、予熱なし、弱火で5分焼く。表面が焼き固まったらアルミホイルを上にかけて、さらに13分焼く。
〈フライパン〉　生地をオーブンシートごとフライパンに入れ、予熱なし、ふたをして弱火で10分焼いたら裏返して、さらに10分焼く。
〈オーブン〉　生地をオーブンシートごと天板に乗せて、200℃に予熱したオーブンで20分焼く。
※いずれも目安の時間です。

a

b

ドデカマンゴークリームチーズ

T F O ※フライパンの場合、クープは入れられません。

色味のきれいなパンには、贅沢にクリームチーズが入っています。ジャムはたっぷり果肉が入ったものを使用すると、おいしくなります。

材料(1個分)

A
- 国産強力粉…130g
- 国産薄力粉…50g
- 塩… 2g
- インスタントドライイースト…2g

仕込み水
- 牛乳…120g
- マンゴージャム…70g
  ※果肉入りがお勧めです。

クリームチーズ…100 g
※ポーションタイプのものだと、カットせずそのまま並べられます。

計量

1
密閉容器に材料Aを計量しながら入れていきます。

2
ボウルに仕込み水を計量します。マンゴージャムは牛乳とよく混ぜてください。

生地作り

3
密閉容器の中身をスプーンなどで簡単に混ぜます。

4
3へ仕込み水の8割を入れて、全体をぐるぐると混ぜます。

5
粉っぽいところにめがけて残りの仕込み水を加え、均一になるように混ぜます。目安は1分かからない程度です。

6
表面をスプーンで平らにしてください。

発酵

7
密閉容器のふたを閉め、冷蔵庫で8時間以上寝かせます。1.5~2倍くらいにふくらんだら発酵終了です。

成形

8
強力粉(分量外)を多めに振ります。生地をつぶさないよう注意して、容器の4面すべての壁を触るように、カード(なければゴムベラ)を差し込みます。生地と容器の間に粉が入るように、容器の壁際にもたくさん強力粉を振ってください。こうすると生地が落ちやすくなります。

9
オーブンシートの上に密閉容器をさかさまにして、生地が落ちてくるのを待ちます。生地が落ち切らない場合は、カードを使ってください。

10
生地を広げ、クリームチーズを真ん中に乗せたら(写真a)、両端を真ん中に折り込み、三つ折りにします(写真b)。落ちた生地を長く置いておくとシートにくっついてしまうので、素早く作業しましょう。

11
ナイフを寝かせながらクープ(切れ目)を入れていきます。強力粉(分量外)を多めに振ったら、横に7本になるようにクープを入れます(写真c)。深さは7mmくらい、しっかり入れてください。

焼成

12
下記を参照して生地を焼きます。焼き上がったらケーキクーラーなどに乗せて冷ましてからカットします。すぐに食べない場合は、ビニル袋などに入れて密封してください。

〈オーブントースター〉 生地をオーブンシートごと天板に乗せて、予熱なし、1200Wのオーブントースターで15分(900Wなら20分)焼いたあと、上にアルミホイルをかけてさらに7分(900Wなら10分)焼く。
〈フライパン〉 生地をオーブンシートごとフライパンに入れ、予熱なし、ふたをして弱火で10分焼いたら裏返して、さらに13分焼く。
〈オーブン〉 生地をオーブンシートごと天板に乗せて、180°Cに予熱したオーブンで25分焼く。
※いずれも目安の時間です。

a

b

c

ドデカココナッツパイナップル

T G F O

ココナッツオイルをたっぷり塗ったドデカパン。
ココナッツの甘い香りと、パイナップルとの相性は抜群！

材料(1個分)

A
- 国産強力粉…180g
- 塩…2g
- インスタントドライイースト…2g

仕込み水／水…150g
パイナップル(缶詰の水を切ったもの)…120g
ココナッツオイル…大さじ2

計量

1
密閉容器に材料Aを計量しながら入れていきます。

2
ボウルに仕込み水を計量します。

生地作り

3
密閉容器の中身をスプーンなどで簡単に混ぜます。

4
3へ仕込み水の8割を入れて、全体をぐるぐると混ぜます。

5
粉っぽいところにめがけて残りの仕込み水を加え、均一になるように混ぜます。目安は1分かからない程度です。

6
生地の表面をスプーンで平らにして、均一になるようにパイナップルを置いて、一度折りたたんでからまた平らにしてください。

発酵

7
密閉容器のふたを閉め、冷蔵庫で8時間以上寝かせます。1.5〜2倍くらいにふくらんだら発酵終了です。

成形

8
強力粉(分量外)を多めに振ります。生地をつぶさないよう注意して、容器の4面すべての壁を触るように、カード(なければゴムベラ)を差し込みます。生地と容器の間に粉が入るように、容器の壁際にもたくさん強力粉を振ってください。こうすると生地が落ちやすくなります。

9
オーブンシートの上に密閉容器をさかさまにして、生地が落ちてくるのを待ちます。生地が落ち切らない場合は、カードを使ってください。(魚焼きグリルで焼く場合は、分量外の油をアルミホイルに塗って、その上に同じようにして生地を乗せてください)。

10
落ちた生地の両端を真ん中に折り込み、三つ折りにします。生地を長く置いておくとシートにくっついてしまうので、置かずにすぐ三つ折りにしてください。

11
ココナッツオイルを表面に塗ります。冬場、固まっていたらそのまま塗ってください(写真a)。夏場は液状になります。

12
指でまんべんなくくぼみをつけます(写真b)。天板につくくらいしっかりと指を押し込んでください。

焼成

13
下記を参照して生地を焼きます。焼き上がったらケーキクーラーなどに乗せて冷ましてからカットします。すぐに食べない場合は、ビニル袋などに入れて密封してください。

〈オーブントースター〉 生地をオーブンシートごと天板に乗せて、予熱なし、1200Wのオーブントースターで15分(900Wなら20分)焼いたあと、上にアルミホイルをかけてさらに7分(900Wなら10分)焼く。
〈魚焼きグリル(両面焼き)〉 生地をグリルに入る程度の高さにし、アルミホイルごとグリルに入れて、予熱なし、弱火で5分焼く。表面が焼き固まったらアルミホイルを上にかけて、さらに15分焼く。
〈フライパン〉 生地をオーブンシートごとフライパンに入れ、予熱なし、ふたをして弱火で10分焼いたら裏返して、さらに13分焼く。
〈オーブン〉 生地をオーブンシートごと天板に乗せて、180℃に予熱したオーブンで25分焼く。
※いずれも目安の時間です。

a

b

Gruß aus
Hieke's Bärwurzerei
Zwiesel

きな粉甘納豆ドデカパン

T G F O

きな粉の香ばしさがたまらない！　老若男女、だれにでも喜ばれるパン。
甘納豆を入れて焼くとほっくりして新たなおいしさ発見です。

材料（1個分）

A
- 国産強力粉…130g
- 国産薄力粉…30g
- 黒豆きな粉…20g※普通のきな粉でも可。
- 砂糖…15g
- 塩…2g
- インスタントドライイースト…2g

仕込み水
- 牛乳…120g
- 水…30g

バター（溶かしたもの）…10g
甘納豆…100g
バター…適量
黒豆きな粉…適量

計量

1
密閉容器に材料Aを計量しながら入れていきます。

2
ボウルに仕込み水を計量します。

3
バター10gは計量し、500Wのレンジで10〜20秒程度あたためて、溶かしておきます。

生地作り

4
密閉容器の中身をスプーンなどで簡単に混ぜます。

5
4へ仕込み水の8割を入れて、全体をぐるぐると混ぜます。

6
粉っぽいところにめがけて残りの仕込み水を加え、均一になるように混ぜます。目安は1分かからない程度です。

7
溶かしたバターを加えます。スプーンで光沢が落ち着くまで混ぜたら、表面をスプーンで平らにしてください。

発酵

8
密閉容器のふたを閉め、冷蔵庫で8時間以上寝かせます。1.5〜2倍くらいにふくらんだら発酵終了です。

成形

9
強力粉（分量外）を多めに振ります。生地をつぶさないよう注意して、容器の4面すべての壁を触るように、カード（なければゴムベラ）を差し込みます。生地と容器の間に粉が入るように、容器の壁際にもたくさん強力粉を振ってください。こうすると生地が落ちやすくなります。

10
オーブンシートの上に密閉容器をさかさまにして、生地が落ちてくるのを待ちます。生地が落ち切らない場合は、カードを使ってください（魚焼きグリルで焼く場合は、分量外の油をアルミホイルに塗って、その上に同じようにして生地を乗せてください）。

11
生地を広げ、上を少しあけて甘納豆を敷きつめたら（写真a）、両端を真ん中に折り込み、三つ折りにします（写真b）。落ちた生地を長く置いておくとシートにくっついてしまうので、素早く作業しましょう。

焼成

12
下記を参照して生地を焼きます。焼き上がったらあたたかいうちにバターをまんべんなく塗って、黒豆きな粉を適量振ってください（写真c、d）。ケーキクーラーなどに乗せて冷ましてからカットします。すぐに食べない場合は、ビニル袋などに入れて密封してください。

〈オーブントースター〉　生地をオーブンシートごと天板に乗せて、予熱なし、1200Wのオーブントースターで15分（900Wなら20分）焼いたあと、上にアルミホイルをかけてさらに7分（900Wなら10分）焼く。
〈魚焼きグリル（両面焼き）〉　生地をグリルに入る程度の高さにし、アルミホイルごとグリルに入れて、予熱なし、弱火で5分焼く。表面が焼き固まったらアルミホイルを上にかけて、さらに15分焼く。
〈フライパン〉　生地をオーブンシートごとフライパンに入れ、予熱なし、ふたをして弱火で10分焼いたら裏返して、さらに13分焼く。
〈オーブン〉　生地をオーブンシートごと天板に乗せて、180°Cに予熱したオーブンで25分焼く。
※いずれも目安の時間です。

a

b

c

d

chapter4

サンドイッチでドデカパン

ドデカオープンサンド

ドデカパンをスライスして、オープンサンドにしたらパーティ仕様に！
パンの種類も計算した組み合わせを紹介！

サーモンクリームチーズ

いちじくの甘みと上に乗せた
トッピングの塩気が絶妙にマッチ！

材料（1枚分）
いちじくとくるみのライ麦ドデカパン
…1.5㎝程度のスライス1枚
クリームチーズ…大さじ1
玉ねぎ（スライスしたもの）
…小4分の1個
※アーリーレッドを使用。
なければ普通の玉ねぎで可。
スモークサーモン…1枚
ケッパー…3粒程度

作り方
1　玉ねぎは水にさらし、水気を切っておきます。
2　パンに材料の上から順に乗せてください。

エッグベネディクト

とろ〜り卵と濃厚な簡単オランデーズソースでおうちカフェはいかが。

材料（1枚分）
ドデカミルクハース
…1.5㎝程度のスライス1枚
ベーコン（薄切り）…2枚
ポーチドエッグ…1個
簡単オランデーズソース…適量

作り方
トーストしたパンの上にこんがり焼いたベーコン、ポーチドエッグ、ソースの順で乗せてください。

ポーチドエッグの作り方

材料
卵…1個、酢…大さじ1、塩…小さじ1

作り方
1　酢と塩を入れた小さな鍋にお湯を沸かし、さいばしなどでお湯をぐるぐるとかき混ぜ水流をつくります。
2　その真ん中に卵を割り入れ、さいばしで卵白を丸くなるよう形を整えます。
3　お湯に入れてから5分程度ですくい上げ、キッチンペーパーで水分をとって完成。

簡単オランデーズソースの作り方

材料
無塩バター（常温にもどしておく）…大さじ2、マヨネーズ…大さじ2

作り方
バターをクリーム状になるよう混ぜたらマヨネーズを入れて均一になるように混ぜます。

パンコントマテ

スペイン流のこちらは、にんにくの香りとトマトの酸味が癖に！

材料（1枚分）
基本のドデカパン
…1.5㎝程度のスライス1枚
にんにく、トマト、オリーブオイル、岩塩…すべて適量
パセリ…適量

作り方
1　トーストしたパンの上に生のにんにくをこすりつけたあと、半分にカットしたトマトをパンにこすりつけます。
2　細かく切ったトマトを飾りで乗せて、オリーブオイルと岩塩、パセリをかけて完成。

キャロットラペ

にんじんがこんなに!?と思うほど食べられるキャロットラペは、パンとの相性も抜群。

材料（1枚分）
基本のドデカパン
…1.5㎝程度のスライス1枚
パストラミ（薄切りにしたもの）…2枚
キャロットラペ…適量

作り方
パンの上にパストラミ、キャロットラペの順で乗せます。

キャロットラペの作り方

材料
にんじん（千切りにしたもの）…中1本、オリーブオイル…大さじ1、塩…小さじ2分の1

作り方
にんじんに塩をかけて少しもんだらオリーブオイルを回しかけて、ひと混ぜします。そのまま冷蔵庫で一晩おけば完成。

チョコマシュマロ

やってしまっていいのかしら！
黄金の組み合わせ！

材料（1枚分）
チョコチップドデカパン
…1.5㎝程度のスライス1枚
チョコレートスプレッド…適量
マシュマロ（小粒のもの）…30粒程度

作り方
1　パンの上にチョコレートスプレッドを塗り、マシュマロを並べます。
2　オーブントースターなどでマシュマロに焼き色が付くまで焼きます。

フルーツサンド

お好みのフルーツを乗せて
オープンサンド！
乗せるだけだから失敗なし。

材料（1枚分）
ドデカミルクハース
…1.5cm程度のスライス1枚
カスタードクリーム…適量
いちご（スライスしたもの）…2個
ブルーベリー…3粒程度
粉糖…適量

作り方
パンの上にカスタードクリームを塗り、いちご、ブルーベリーを並べて粉糖をかけます。

カスタードクリームの作り方

材料
全卵…1個、薄力粉…30g、砂糖…30g、牛乳…250g、バニラオイル…数滴

作り方
1　耐熱ボウルに卵を割り入れバニラオイル、砂糖を入れてよく混ぜたら、薄力粉を入れて均一になるように混ぜます。
2　そこへ牛乳を少しずつ入れてかき混ぜます。
3　500Wの電子レンジで1分程度温め、かき混ぜてまた1分温めます。様子を見てとろみが足りないようであれば30秒ずつ足して全体が固まれば完成。

いちじくヨーグルト

さっぱりしたヨーグルトといちじくは、風味のあるパンに乗せて。

材料（1枚分）
胚芽ハムチーズドデカロール
…1.5cm程度のスライス1枚
※ハムチーズははさまない。
水切りヨーグルト…大さじ2
いちじくジャム…大さじ1

作り方
パンの上に水切りヨーグルトといちじくジャムを乗せます。

水切りヨーグルトの作り方

材料
プレーンヨーグルト…好きなだけ
※1パック使ってしまう方が作りやすいと思います。出来上がりはもとの3分の1程度の分量になります。2日程度で食べきってください。そのまま食べてもクリームチーズみたいでおいしいです。

作り方
1　ざるにキッチンペーパーをしき、そこにヨーグルトをそっと乗せ、ざるよりも小さいボウルに重ねて冷蔵庫で一晩おきます（写真a）。
2　しっかり水を切って、かためのクリーム状になったら完成。

a

パンのおとも
PART 1

普段我が家でよく使う
パンのおともを
紹介します。
お好きなだけ
パンにつけて召し上がれ。

蜂蜜ナッツ

トーストに乗せたり、
アイスクリームに乗せたり。
インテリアとしてもかわいいので
常備しています。

材料
お好みのナッツ、蜂蜜（分量は瓶による）

作り方
煮沸消毒した瓶にナッツを八分目まで入れて、ひたひたになるまで蜂蜜を入れます。最低１週間常温に置いたら完成。

手作りバター

余った生クリームを使ってフレッシュバターに。
作りたてのバターはクセになるおいしさです。

材料
生クリーム…１パック

作り方
きれいに洗ったペットボトルに生クリームを入れてしっかり振ります。振る速度によっても個人差がありますが、私は10分程度振ります（写真a）。完全に水分と油分が分かれたら完成（写真b）。

a

b

オリーブオイル

特にお気に入りのものを紹介します。
パーティの手土産にドデカパンと
好きなオリーブオイルはいかが？

（右から）「スペイン・イン・ラブ」、ロルダン「スペイン エキストラバージン オリーブオイル」（ともにグランジャポン）、エキストラバージンオリーブオイル「トリュフ」（フォムファス表参道店）

ドデカサンドイッチ

T O

ドデカパンは、はさむサンドイッチもお手の物。
こんな風にホーロー容器ごと焼くと入れたときぴったりおさまります。

材料（ホーロー容器
内寸約縦8×横15×高さ5.5cm 1つ分）
※ここでは無印良品のホーロー保存容器の、深型・中サイズを使っています。

【パン生地】
本書のお好きな生地
（P 78-80パーティドデカパンは除く）

【サンドイッチの具】
お好きな具なんでも

1
使いたい生地の作り方を参照し、ボウルなどで材料を混ぜます。

2
ホーロー容器にオーブンシートをしき、1の生地を入れてスプーンで平らにします。

3
ホーロー容器のふたを閉め、冷蔵庫で8時間以上寝かせます。1.5〜2倍くらいにふくらんだら発酵終了です。

4
トッピングなどしたい場合はそれをおこなったあと、ふたなしで容器ごと焼きます。焼き時間は通常の作り方を参照した時間にプラス10分程度焼いてください（オーブントースター、オーブンともに）。ホーローに熱が回るのに時間がかかるため、長めに焼成する必要があります。

5
型から取り出すと、四角い形のドデカパンができます（写真a）。十分冷ましたらカットします。ドデカパンは柔らかくてカットが難しいので、下1㎝ほど残して薄く切れ目を入れてから（写真b）、厚めにカットするとうまくいきます（写真c）。

6
お好きな具をはさんで、容器に戻したらお弁当の完成！

a

b

c

ホットドッグ

子どもも大人も大好き。
週末のランチはこれに決まり。

材料（1つ分）
雑穀ドデカパン
…縦にカットしたもの2分の1個
ウインナー（長めのものを
ボイルしておく）…1本
玉ねぎ（みじん切りしたもの）
…中6分の1個程度
ケチャップ…適量

作り方
ドデカパンの真ん中に切れ目を入れたら、玉ねぎ、ウインナーをはさんでケチャップをかけます。

アジアンサンド

甘辛スイートチリソースに、
甘めのミルクハース生地を
合わせて。

材料（1切れ分）
ドデカミルクハース
…幅3cm程度にカットしたもの1個
鶏胸肉…約6分の1枚
玉ねぎ（スライスしたもの）
…中6分の1個
スイートチリソース…大さじ1
バター…適量

作り方
1　鍋に水を入れ、沸騰したら鶏胸肉を入れます。再沸騰したらすぐ火を止めて、ふたをして鍋の中に入れたまま冷めるまで待ちます。
2　切れ目を入れたドデカパンにバターを塗って、薄くスライスした鶏胸肉、玉ねぎをはさんでスイートチリソースをかけます。

マロンサンド

マロンonマロンの
ぜいたくサンド。

材料（1切れ分）
いちじくとくるみの
ライ麦ドデカパン
…幅3cm程度にカットしたもの1個
マロンペースト…大さじ2
栗の甘露煮（もしくはマロングラッセ）
…3粒程度

作り方
切れ目を入れたドデカパンにマロンペーストを塗って、栗の甘露煮をはさみます。

ホットサンド

表面かりっ！　中からとろ〜り
チーズが出てきます！

材料(4つ分)
ドデカトマトパン…1個
ハム…3〜4枚
モッツァレラチーズ(スライス)
…3〜4枚

作り方
1　ドデカパンを真横にスライスして、ハムとモッツァレラチーズをはさみます。
2　フライパンに具をはさんだパンを乗せ、キッチンペーパーを上に置いて、水を入れたボウルや重たい鍋などを乗せて弱火で両面7分程度ずつ焼いてください。こんがり焼き色がつけばOKです。グリルパンなどを使うと写真のようにきれいな焼き目がつきます。また、具にチーズを入れないとパン同士がくっつかないので注意。
3　真上から4等分にカットしてください。

カツサンド

ボリューム満点！
甘辛ソースでカツサンド。

材料(6つ分)
ドデカごパン…1個
市販のトンカツ(カットしていないもの)
…1枚(100g程度)
キャベツ(千切りにしたもの)…適量
特製ソース…適量
バター…適量

作り方
1　トンカツ両面にたっぷりソースを塗ります。
2　ドデカパンを真横にスライスして、両面にバターを塗ったら、キャベツ、トンカツ、キャベツの順にはさみます。
3　真上から6等分にカットしてください。

特製ソースの作り方

材料
ウスターソース…大さじ1、ケチャップ…小さじ1、蜂蜜…小さじ1、すりごま…大さじ1

作り方
材料をすべて混ぜ合わせます。

chapter5

季節を楽しむドデカパン

パーティドデカパン

O

特大サイズのドデカフォカッチャです。こーんな大きなパンが出て来たら
歓声間違いなし！　お好きな具を乗せて一口サイズにカットして！

材料(1個分　※40×30㎝の天板を使用)

A　国産強力粉…700g
　　塩…10g
　　インスタントドライイースト…8g
仕込み水　水…560g
ソーセージ
(1㎝程度にカットしたもの)、
プチトマト(半分にカットしたもの)、
ズッキーニ(乱切りにしたもの)、
パプリカ(細かくしたもの)、
マッシュルーム(薄切りにしたもの)
…すべて7〜8個
※乗せるのは何でもOK。
お好きなものをどうぞ。
オリーブオイル…大さじ8

計量

1
大きな密閉容器に材料Aを計量しながら入れていきます(なければ大きなボウルを使用。発酵のときはラップをかけてください)。

2
ボウルに仕込み水を計量します。

生地作り

3
密閉容器の中身をスプーンなどで簡単に混ぜます。

4
3へ仕込み水の8割を入れて、全体をぐるぐると混ぜます。

5
粉っぽいところにめがけて残りの仕込み水を加え、均一になるように混ぜます。目安は2分かからない程度です。

6
表面をスプーンで平らにしてください。

発酵

7
密閉容器のふたを閉め、冷蔵庫で8時間以上寝かせます。1.5〜2倍くらいにふくらんだら発酵終了です。

成形

8
強力粉(分量外)を多めに振ります。生地をつぶさないよう注意して、容器の4面すべての壁を触るように、カード(なければゴムベラ)を差し込みます。生地と容器の間に粉が入るように、容器の壁際にもたくさん強力粉を振ってください。こうすると生地が落ちやすくなります。

9
オーブンシートの上に密閉容器をさかさまにして、生地が落ちてくるのを待ちます。生地が落ち切らない場合は、カードを使ってください。

10
落ちた生地をオーブンシートごと天板に乗せて、天板いっぱいに広げます。指にオリーブオイル(分量外)をつけてくぼみをつけ、具材を乗せていきます(写真a)。

11
全体にオリーブオイルを回しかけます(写真b)。

焼成

12
200°Cに予熱したオーブンで25〜30分焼きます。焼き上がったらケーキクーラーなどに乗せて冷ましてからカットします。すぐに食べない場合は、ビニル袋などに入れて密封してください。

焼き上がりは……

a

b

パンのおとも PART2

パンに添えておいしい
パンのおともを
紹介します。
ちょっとした朝食や
ランチにどうぞ！

グリーンサラダの特製ドレッシング添え

野菜たっぷりで、２週間ほど保存可能！
私はたくさんつくって冷蔵庫に入れています。

材料(２人分)
グリーンカール…数枚、カイワレ大根…２分の１パック程度、特製ドレッシング…適量

〈特製ドレッシングの作り方〉

材料
玉ねぎ…中２分の１個、にんじん…中２分の１本、エキストラバージンオリーブオイル…大さじ５、粒マスタード…大さじ３、しょうゆ…大さじ１、砂糖…小さじ１

作り方
材料をすべてフードプロセッサーにかけ、均一になったら出来上がり。

野菜ポタージュ

旬の野菜を使った
アレンジ無限大の
スープです。
冬は温めて、
夏は冷たくしてどうぞ。

a

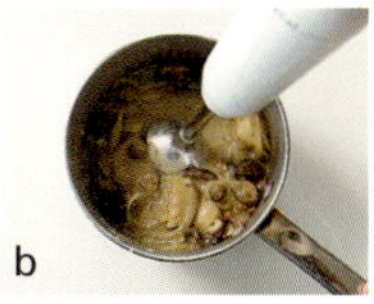

b

材料
玉ねぎ…中１個、じゃがいも…中１個、まいたけ・しめじ…各２分の１パック
※他に好きな野菜を足してもOKです。
ブイヨン…１個、水…２分の１カップ、バター…10g、牛乳…１カップ(食べる分に合わせて適量に)、塩・こしょう…適量

作り方
1　鍋にバターをひいて玉ねぎとじゃがいも、まいたけ、しめじを炒め、水とブイヨンを入れて弱火で15分程度、形がなくなるくらいまで煮込みます(写真a)。
2　１をフードプロセッサーでペースト状につぶします(写真b。冷蔵で数日保存可能なので、私はこの状態で冷蔵庫に入れたり、冷凍したりしています)。
3　食べるときに温め、牛乳で薄めて塩、こしょうします。オリーブオイル(分量外)をたらして完成。

はまぽーくの生ハム

自分の好きなブランドが見つかったらちょっとかっこいいかも。私は地元で発見しました。横浜産のブランド豚肉「はまぽーく」。良質の豚肉だけを選んでいるそうで、こちらの生ハムもとってもおいしい！

「ハマッ子」直売所
http://www.jakanagawa.gr.jp/jagk/tyokubai.html

フルーツドデカパン

SPRING

T G F O

かわいいフルーツを入れて焼いたパンはテンションもアップ！
晴れた日はこのパンをもってピクニックへ！

材料（1個分）

A
- 国産強力粉…180g
- 砂糖…15g
- 塩…2g
- インスタントドライイースト…2g

仕込み水
- 豆乳…80g
- 水…70g

バター（溶かしたもの）…5g
ドライフルーツミックス…75g

計量

1
密閉容器に材料Aを計量しながら入れていきます。

2
ボウルに仕込み水を計量します。

3
バター5gは計量し、500Wのレンジで10〜20秒程度あたためて、溶かしておきます。

生地作り

4
密閉容器の中身をスプーンなどで簡単に混ぜます。

5
4へ仕込み水の8割を入れて、全体をぐるぐると混ぜます。

6
粉っぽいところにめがけて残りの仕込み水を加え、均一になるように混ぜます。目安は1分かからない程度です。

7
溶かしたバターを加え、スプーンで光沢が落ち着くまで混ぜます。

8
生地の表面をスプーンで平らにし、ドライフルーツを散らして、一度折りたたんでからまた平らにしてください。

発酵

9
密閉容器のふたを閉め、冷蔵庫で8時間以上寝かせます。1.5〜2倍くらいにふくらんだら発酵終了です。

成形

10
強力粉（分量外）を多めに振ります。生地をつぶさないよう注意して、容器の4面すべての壁を触るように、カード（なければゴムベラ）を差し込みます。生地と容器の間に粉が入るように、容器の壁際にもたくさん強力粉を振ってください。こうすると生地が落ちやすくなります。

11
オーブンシートの上に密閉容器をさかさまにして、生地が落ちてくるのを待ちます。生地が落ち切らない場合は、カードを使ってください（魚焼きグリルで焼く場合は、分量外の油をアルミホイルに塗って、その上に同じようにして生地を乗せてください）。

12
落ちた生地の両端を真ん中に折り込み、三つ折りにします。生地を長く置いておくとシートにくっついてしまうので、置かずにすぐ三つ折りにしてください。

13
三つ折りにした生地を、さいばしを使って8等分にしていきます。強力粉（分量外）を生地に多めに振ったら、まず十字に線を入れます。さいばしは下につくまでしっかり押し込み、上下に5㎜程度転がします。同じようにして、十字の間にも線を入れます（写真a）。

焼成

14
下記を参照して生地を焼きます。焼き上がったらケーキクーラーなどに乗せて冷ましてからカットします。すぐに食べない場合は、ビニル袋などに入れて密封してください。

〈オーブントースター〉　生地をオーブンシートごと天板に乗せて、予熱なし、1200Wのオーブントースターで15分（900Wなら20分）焼く。
〈魚焼きグリル（両面焼き）〉　生地をグリルに入る程度の高さにし、アルミホイルごとグリルに入れて、予熱なし、弱火で5分焼く。表面が焼き固まったらアルミホイルを上にかけて、さらに13分焼く。
〈フライパン〉　生地をオーブンシートごとフライパンに入れ、予熱なし、ふたをして弱火で10分焼いたら裏返して、さらに10分焼く。
〈オーブン〉　生地をオーブンシートごと天板に乗せて、200℃に予熱したオーブンで20分焼く。
※いずれも目安の時間です。

a

ドデカピザ

SUMMER

T G O

子どもたちがお休みの日のランチにピザはいかがですか？
お好みの具を乗せて焼けば、わいわい楽しい時間に！

材料(1個分)

A
- 国産強力粉…180g
- 塩…2g
- インスタントドライイースト…2g

仕込み水／水…150g
オリーブオイル…5g
ピザソース…大さじ2
※なければケチャップでも可。
プチトマト(半分にカットしたもの)、ピーマン(輪切りにしたもの)、ズッキーニ、ベーコン、モッツァレラチーズ(細かくしたもの)、パプリカ(星形に抜いたもの)、マッシュルーム(薄切りにしたもの)
…すべて適量
※ベーコン等、風味の出るものを上に乗せたほうが全体の味がまとまりますが、基本は何でもOK。お好きなものをどうぞ。

計量

1
密閉容器に材料Aを計量しながら入れていきます。

2
ボウルに仕込み水を計量します。

生地作り

3
密閉容器の中身をスプーンなどで簡単に混ぜます。

4
3へ仕込み水の8割を入れて、全体をぐるぐると混ぜます。

5
粉っぽいところにめがけて残りの仕込み水を加え、均一になるように混ぜます。目安は1分かからない程度です。

6
オリーブオイルを加えます。スプーンで光沢が落ち着くまで混ぜたら、表面をスプーンで平らにしてください。

発酵

7
密閉容器のふたを閉め、冷蔵庫で8時間以上寝かせます。1.5〜2倍くらいにふくらんだら発酵終了です。

成形

8
強力粉(分量外)を多めに振ります。生地をつぶさないよう注意して、容器の4面すべての壁を触るように、カード(なければゴムベラ)を差し込みます。生地と容器の間に粉が入るように、容器の壁際にもたくさん強力粉を振ってください。こうすると生地が落ちやすくなります。

9
オーブンシートの上に密閉容器をさかさまにして、生地が落ちてくるのを待ちます。生地が落ち切らない場合は、カードを使ってください(魚焼きグリルで焼く場合は、分量外の油をアルミホイルに塗って、その上に同じようにして生地を乗せてください)。

10
落ちた生地をオーブンシートごと天板に乗せて、平たく整えたら、ピザソースを塗って具材を乗せます(写真a、b)。

焼成

11
下記を参照して生地を焼きます。焼き上がったらケーキクーラーなどに乗せて冷ましてからカットします。すぐに食べない場合は、ビニル袋などに入れて密封してください。

〈オーブントースター〉 予熱なし、1200Wのオーブントースターで15分(900Wなら20分)焼く。
〈魚焼きグリル(両面焼き)〉 生地をグリルに入る程度の高さにし、アルミホイルごとグリルに入れて、予熱なし、弱火で5分焼く。表面が焼き固まったらアルミホイルを上にもかけて、さらに13分焼く。
〈オーブン〉 生地をオーブンシートごと天板に乗せて、200°Cに予熱したオーブンで20分焼く。
※いずれも目安の時間です。

a

b

ドデカパンプキン

AUTUMN

T G F O ※フライパンの場合、クープは入れられません。

ハロウィンにぴったりのかぼちゃパン。朝食にもおやつにも合わせられて便利。
レーズン、バター、砂糖を抜けば離乳食にもＯＫです。

材料(1個分)

A
- 国産強力粉…180g
- 砂糖…10g
- 塩…2g
- インスタントドライイースト…2g

仕込み水
- 水…70g
- 牛乳…50g
- かぼちゃ(ふかしたら皮をとっておく)…80g

レーズン…45g
バター(細かくしたもの)…適量
砂糖…適量

計 量

1
密閉容器に材料Ａを計量しながら入れていきます。

2
ボウルに仕込み水を計量します。これをかぼちゃに入れて、手でつぶしながら混ぜ込んでいきます。

生地作り

3
密閉容器の中身をスプーンなどで簡単に混ぜます。

4
３へ仕込み水の８割を入れて、全体をぐるぐると混ぜます。

5
粉っぽいところにめがけて残りの仕込み水を加え、均一になるように混ぜます。目安は1分かからない程度です。

6
生地の表面をスプーンで平らにして、レーズンを散らして、一度折りたたんでからまた平らにしてください。

発 酵

7
密閉容器のふたを閉め、冷蔵庫で８時間以上寝かせます。1.5〜2倍くらいにふくらんだら発酵終了です。

成 形

8
強力粉(分量外)を多めに振ります。生地をつぶさないよう注意して、容器の4面すべての壁を触るように、カード(なければゴムベラ)を差し込みます。生地と容器の間に粉が入るように、容器の壁際にもたくさん強力粉を振ってください。こうすると生地が落ちやすくなります。

9
オーブンシートの上に密閉容器をさかさまにして、生地が落ちてくるのを待ちます。生地が落ち切らない場合は、カードを使ってください(魚焼きグリルで焼く場合は、分量外の油をアルミホイルに塗って、その上に同じようにして生地を乗せてください)。

10
落ちた生地の両端を真ん中に折り込み、三つ折りにします。生地を長く置いておくとシートにくっついてしまうので、置かずにすぐ三つ折りにしてください。

11
ナイフを寝かせながらクープ(切れ目)を５本入れていきます。強力粉(分量外)を多めに振ったら、まず真ん中に１本クープを入れます。深さは7㎜くらい、しっかり入れてください。次に両端、最後にその間に入れます(写真a)。

12
細かくしたバターを散らし、砂糖をふりかけます(写真b)。

焼 成

13
下記を参照して生地を焼きます。焼き上がったらケーキクーラーなどに乗せて冷ましてからカットします。すぐに食べない場合は、ビニル袋などに入れて密封してください。

〈オーブントースター〉 生地をオーブンシートごと天板に乗せて、予熱なし、1200Wのオーブントースターで15分(900Wなら20分)焼く。
〈魚焼きグリル(両面焼き)〉 生地をグリルに入る程度の高さにし、アルミホイルごとグリルに入れて、予熱なし、弱火で5分焼く。表面が焼き固まったらアルミホイルを上にかけて、さらに13分焼く。
〈フライパン〉 生地をオーブンシートごとフライパンに入れ、予熱なし、ふたをして弱火で10分焼いたら裏返して、さらに10分焼く。
〈オーブン〉 生地をオーブンシートごと天板に乗せて、200℃に予熱したオーブンで20分焼く。
※いずれも目安の時間です。

a

b

D STYLE
KOBEN

ドデカシュトレン

WINTER

T F O

クリスマスのパン、シュトレン。通常は手にまとわりつく生地をこねて作るのですが、
こちらでは手を汚さずに手軽に焼けておいしい、スペシャルシュトレンをご紹介。

材料(1個分)

A
- 国産強力粉…100g
- 国産薄力粉…80g
- シナモンパウダー…1g
- 砂糖…20g
- 塩…2g
- インスタントドライイースト…2g

仕込み水
- 牛乳…80g
- 全卵1個＋水…70g

バター(溶かしたもの)…15g
ドライフルーツ洋酒漬け…30g
くるみ…30g
バター…適量
砂糖…適量
粉糖…適量

計量

1
密閉容器に材料Aを計量しながら入れていきます。

2
ボウルに仕込み水を計量します。

3
バター15gは計量し、500Wのレンジで10〜20秒程度あたためて、溶かしておきます。

生地作り

4
密閉容器の中身をスプーンなどで簡単に混ぜます。

5
4へ仕込み水の8割を入れて、全体をぐるぐると混ぜます。

6
粉っぽいところにめがけて残りの仕込み水を加え、均一になるように混ぜます。目安は1分かからない程度です。

7
溶かしたバターを加え、スプーンで光沢が落ち着くまで混ぜます。

8
生地の表面をスプーンで平らにし、ドライフルーツとくるみを散らして、一度折りたたんでからまた平らにしてください。

発酵

9
密閉容器のふたを閉め、冷蔵庫で8時間以上寝かせます。1.5〜2倍くらいにふくらんだら発酵終了です。

成形

10
強力粉(分量外)を多めに振ります。生地をつぶさないよう注意して、容器の4面すべての壁を触るように、カード(なければゴムベラ)を差し込みます。生地と容器の間に粉が入るように、容器の壁際にもたくさん強力粉を振ってください。こうすると生地が落ちやすくなります。

11
オーブンシートの上に密閉容器をさかさまにして、生地が落ちてくるのを待ちます。生地が落ち切らない場合は、カードを使ってください。

12
落ちた生地の両端を真ん中に折り込み、三つ折りにします。生地を長く置いておくとシートにくっついてしまうので、置かずにすぐ三つ折りにしてください。

焼成

13
下記を参照して生地を焼きます。

〈オーブントースター〉 生地をオーブンシートごと天板に乗せて、予熱なし、1200Wのオーブントースターで15分(900Wなら20分)焼いたあと、上にアルミホイルをかけてさらに7分(900Wなら10分)焼く。
〈フライパン〉 生地をオーブンシートごとフライパンに入れ、予熱なし、ふたをして弱火で10分焼いたら裏返して、さらに13分焼く。
〈オーブン〉 生地をオーブンシートごと天板に乗せて、180℃に予熱したオーブンで25分焼く。
※いずれも目安の時間です。

14
焼き上がったらあたたかいうちにバターをまんべんなく塗って(写真a)、砂糖をたっぷりめに振ってください(写真b)。ケーキクーラーなどに乗せて冷ましてから、ラップにくるんで一晩寝かすと(写真c、d)、仕上がりがしっとりします。食べる前に粉糖をふってカットします。すぐに食べない場合は、ビニル袋などに入れて密封してください。

a

b

c

d

自家製酵母で
ドデカパン

「自家製酵母」と聞くと難しそう……と思う方も多いかもしれませんが、ここでは私がよくやっている、「けちけち酵母」の作り方をお伝えします。りんごや梨、柿、ぶどうなど、果実の実は食べて、残った皮と芯で酵母を起こすというもの(柑橘類以外がおすすめ)。もともと捨ててしまうものなので、失敗してもがっかりしなくて大丈夫！　しゅわしゅわと泡を出す酵母を見ると、生き物だということを感じて愛おしくなります。果物によってパンの風味が変わるので、色々な酵母を作って楽しんでください。

りんごのけちけち酵母

用意するもの
水…240g
りんごの芯と皮…中1個
砂糖…30g
材料がすべて入る密閉できるガラス瓶…1つ

作り方
1　ガラス瓶とふたをシンクに置いて熱湯を上からかけます。鍋にお湯を沸かし煮沸消毒をする方法もありますが、熱くて危険なので、シンクで熱湯を流す程度でOKです。
2　熱湯を捨て、完全にガラス瓶が冷めたらそこへりんごの芯と皮、砂糖、水を入れてふたを閉めます。
3　温かい場所を探して瓶を置きます。春・夏・秋はそのまま常温で。冬はポットのそばや冷蔵庫の上など、常に少し温かい場所に置いてください。
4　3日目以降、少しずつ気泡が出てくると思います。そうなってきたら1日に2回、ふたを開けて中の空気を入れ替えてから瓶をふります。
5　夏場であれば4日ほどであふれるほどに気泡が出てきます(写真a)。そうしたら完成。冬場は少し時間がかかります。1週間ほど様子を見てください。見極めはりんごの芯と皮が上に浮いていることと、瓶の底に白っぽい濁ったものが出ていたらOKです。
6　ざるでこして液のみをペットボトルに入れ、冷蔵庫で保存します。1週間程度で使い切ってください。
7　使うときは本書のレシピの水分の10～20g程度をけちけち酵母に置き換えて使ってください。りんごは他の果物に替えても大丈夫です。

a

困ったときのQ&A

Q 生地がうまくふくらみません。

A

イーストが劣化しているか、量が少ないか、冷蔵庫の温度が低すぎる可能性があります。冷蔵庫に8時間入れてもふくらんでいないようであれば、温かいところに置いてみてください。イーストの量が少なくても温かいところに置けば発酵が進んでふくらむはずです。ただ、三つ折りにする際は生地が冷たい方が成形しやすいので、ふくらんだら再度冷蔵庫に入れて冷やすと、作業しやすいですよ。冷蔵庫の温度が低すぎた場合は、次回から野菜室に入れてみてください。

Q 中が生焼けになってしまいました。

A

まず、ご家庭で使用しているオーブントースターなどの機器の温度の上がり方の問題があります。こちらはご家庭の機器のくせを見て、時間や温度を少しずつ調整してみてください。

特に、砂糖の多く入る生地や、卵でこねる生地はどうしても生地が重いため、完全に火が通るまでに時間がかかります。表面もこげやすいですが、こげてきたからといって取り出さずに、アルミホイルをかけて最後まで焼いてください。

なお、一度焼いてしまったものは、再度火が通るまで焼くしかありません。多少固くはなりますが、おいしく食べられます。

次回以降で気をつけるポイントとして、ひとつはイーストの量が少ない可能性があるので、イーストを少し増やしてみてください。スケールではイーストが軽くて反応しないことがあります。イースト小さじ１杯が４gです。一度小さじではかって見て、分量を目で確かめてください。

もうひとつは、発酵がきちんとできていない可能性があります。ふくらみが足りない場合は、温かいところに置いて追加で発酵させてみてください。

Q 三つ折りが難しくてできません。

A

生地に水分が多く、扱いづらいので難しいと感じるかもしれません。ポイントは、粉を多めに振ること。密閉容器の壁際にも、きっちり振ってください。どうしても難しい場合は、生地を密閉容器から出したらそのまま焼いてもOK。三つ折りにしたほうが生地に高さが出てふんわりしますが、そのままでも十分おいしいパンが作れます。

Q 一度にたくさん生地を作りたいです。

A

たとえば3つ作りたいときは、ボウルに3倍量を入れてこね、発酵は保存容器3つに分けて行うとそのあとの成形が楽ですよ。

Q 生地は冷凍できますか？

A

冷凍はおすすめできません。生地の中と外とで温度差が大きくなるため、生焼けになる可能性が高い上、味も落ちてしまいます。焼きあがってから冷凍する方が、おいしく食べられます(P 15をご参照ください)。

Q ドデカパンはなぜ仕上げ発酵(二次発酵)が必要ないのですか？

A

通常のパン作りの工程にある分割・丸めがないからです。
パン生地は触るとガスが抜け、生地がしまり、そのまま焼くときゅっとした食感のパンになるので、ふんわりとしたパンを焼くためには仕上げ発酵が必要です。
ドデカパンは分割・丸めがなく、一次発酵で上がった生地をなるべく触らずに成形し、焼成するため、仕上げ発酵が必要ありません。
もし触りすぎて生地がぺたんこになってしまったら、焼く前に仕上げ発酵をしてください。オーブンについている発酵機能などを使って40°Cで20分ほど、もしくは常温で30分ほど置けばふわっと生地がふくらむはずです。

Q 生地を混ぜすぎてしまったかもしれません。

A

たくさん混ぜても問題ありません。ドデカパンはこねなくても大丈夫な配合にしているので、混ぜる時間の目安を１分と書いていますが、全体が均一にまとまればＯＫです。

Q 発酵時間を短くしたいのですが……。

A

温かいところに置いておけば発酵時間は短くなります。たとえばオーブンについている発酵機能などを使い、40℃のところに置けば30分程度でふくらみます。けれども、低温長時間発酵したパンとは味が異なります。それをご理解いただいた上でお試しください。

Q 米粉や大豆粉なども使ってみたいのですが……。

A

ドデカパンは、100％米粉や大豆粉で同じようなものを焼くことはできません。それでも風味などを楽しみたい場合、強力粉に多くても３割程度を目安に、ブレンドして焼いてみてください。その場合、水分量は少し減らすとよいと思います。

Q いろいろ具を替えて入れてみたいです。

A

大抵のものは大丈夫です。水分量は強力粉に対して80％になるように計算してください。具は生地がつながれば入るだけ入れてOKです。ドデカあんパン（P50）のように具を包む場合は多くても平気ですが、生地に混ぜ込む場合は50g程度が目安です。ただ、具を入れると生地に火が通りづらくなるので焼くときは様子を見て時間を長くしてください。

この本で使った材料

基本の材料の他に、本書で使用した主な材料をご紹介します。
どれも実際に使用しているおすすめアイテムばかりです。

ライ麦粉 (P60)

ミネラルが多く、栄養価の高いライ麦粉。パンに混ぜると少し酸味のある独特の味わいが楽しめます。

北海道産ライ麦全粒粉(江別製粉) (500g)／TOMIZ

パン用雑穀 (P44)

プチプチとした食感が楽しい人気の雑穀パンが、パン用の雑穀を使用すれば簡単に作れます。

製パン用雑穀ミックス(100g)／TOMIZ

クランベリー (P22)

色鮮やかで甘酸っぱいクランベリー。パンに色味をつけたいときにも便利です。

ドライクランベリー(500g)／TOMIZ

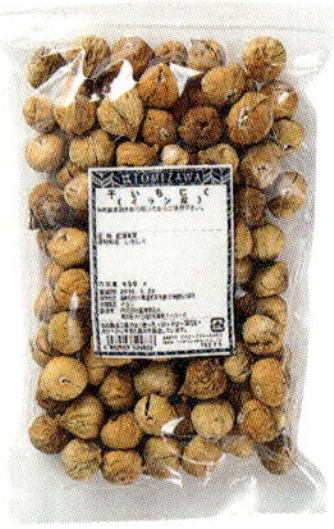

いちじく (P60)

小粒のイラン産のいちじくは、丸ごとごろっと入れても、細かくして入れてもおいしいです。

干いちじく(イラン産) (450g)／TOMIZ

レーズン (P86)

オイルコーティングされていないものを選んでください。その方がやわらかくておいしいです。

レーズン(カリフォルニア) (1kg)／TOMIZ

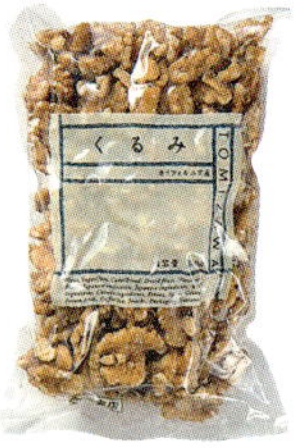

くるみ (P19、51、60)

ローストしていないものは、必ずローストしてから使ってください。香りや味が全然ちがいますよ。

くるみ　チャンドラー種(300g)／TOMIZ

ドライフルーツミックス (P82)

こちらは色鮮やかな各種ドライフルーツが大きさもそろってセットになったもので、混ぜ込むのに便利。

6種のフルーツミックス(150g)／TOMIZ

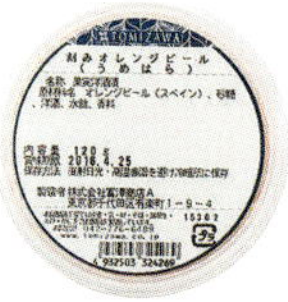

オレンジピール (P23)

あらかじめ細かく刻んであるものを使うと刻む手間が省けます。こちらは洋酒漬けですが、普通のものでも。

うめはら 刻みオレンジピール(120g)／TOMIZ

フルーツ洋酒漬け (P88)

シュトレンに使ったドライフルーツの洋酒漬けは、ご自宅で作ってもよいですが、手軽に購入しても。

うめはら ミックスフルーツ(400g)／TOMIZ

抹茶（P56）

普通の抹茶でもＯＫですが、より細かくしてある製菓用を使うと、ダマになりにくくきれいに混ざります。

製菓用抹茶（40g）／TOMIZ

チョコチップ（P58）

製菓用のチョコチップを使うと、溶けにくいので焼き上がりがきれいに仕上がっておすすめです。

溶けにくいチョコチップ（500g）／TOMIZ

チョコレートスプレッド（P71）

チョコレートとヘーゼルナッツをたっぷり使ったスプレッド。これはスペインのものですが、ヌテラなども有名。

ノシージャ　デュオ（200g）
／グランジャポン

フルーツスプレッド（P62、72）

砂糖を使わず果実と果汁で作ったフルーツスプレッド。こちらを使えば果肉入りのドデカパンが簡単にできます。

アヲハタ　まるごと果実（左から）
マンゴー（250g）、いちじく（255g）／アヲハタ株式会社

フルーツ缶（P46、49）

ダークチェリーや洋なしは、普通のスーパーには中々置いていませんが、おもてなしのときなどにピッタリ。これらは輸入食品店で購入。

ドデカパン
つくりました！

3人の子どもたちもみんな大好きなドデカ。毎回粉300g分はペロリなので大抵2パターン焼きます。定番は何も入れない基本のドデカ。フワフワもちもち小麦の甘みと少しの塩味がたまりません！　あとは気分に応じて、おかず系か甘い系。時間がたっても美味しいのでお出かけにも持参しています。ママ友の間でもとっても人気で、超簡単&超時短なうえに失敗が少なくて、色々な味が楽しめるので「神レシピ」と言われているくらいです！（岩田夕蘭さん）

作ったそばから食べられてゆく子どものごはんやおやつ。そんなドデカパンを2人の娘やお友達に焼くようになったのは、家のおにぎりに通じる安全性やあたたかさを感じたから。噛み応えがあり腹持ちが良いせいか、ドデカのおやつの日は遊びに集中できるよう。「はっぱのぱん（ローズマリーを乗せたドデカフォカッチャ）、ほかほかだね」と子どもたちがパンを分け合う姿に、こちらも心がほかほかになります。（田代幸さん）

吉永麻衣子（よしなが・まいこ）

1981年生まれ。聖心女子大学卒。一般企業に6年間勤務後、結婚を機に退職。2009年子連れOKの自宅パン教室「cooking studio minna」をスタートする。その後、日本ヴォーグ社のパン教室の講師や、専門学校のパン講師にも着任。著書に『おいしい かわいい ちいさいパン』（マリン企画）、『前の日5分→朝10分で焼きたて！ 簡単もちもちスティックパン』（新潮社）がある。二児の母でもある。
cooking studio minna　http://minnadepan.com/

本書は書き下ろしです。

ただ材料《ざいりょう》を混《ま》ぜるだけ、発酵《はっこう》は冷蔵庫《れいぞうこ》におまかせ！
簡《かん》単《たん》もちふわドデカパン

発　行／2016年 3 月20日
7　刷／2021年10月20日

著　者／吉永《よしなが》麻《ま》衣《い》子《こ》
発行者／佐藤隆信
発行所／株式会社新潮社
〒162-8711　東京都新宿区矢来町71
編集部　(03) 3266-5611
読者係　(03) 3266-5111
http://www.shinchosha.co.jp
印刷所／大日本印刷株式会社
製本所／大口製本印刷株式会社

ISBN978-4-10-339412-9　C0077

STAFF

料理…吉永麻衣子
撮影…佐藤慎吾（新潮社写真部）
ブックデザイン…葉田いづみ
スタイリング…四分一亜紀
調理アシスタント…「パン講師の集まるサークルhug」メンバー：
濱本茜、恒石裕子、圓城寺章子、窪田幸代、佐藤綾香、鈴木涼子、熊谷薫子、吉田広子、大場小弥加、今祐美子、宇木みずほ、豊田寛子、松山富美子、藤澤真美、出井明子、千葉宏子、伊瀬はるな、花岡千恵、西田望

◎材料・道具提供
TOMIZ（富澤商店）　tomiz.com
アヲハタ株式会社　https://www.aohata.co.jp/
グランジャポン　http://granjapon.co.jp/
ツインバード工業　http://www.twinbird.jp/
フォムファス表参道店　http://www.vomfass.co.jp/
北欧雑貨の店Fika　http://zakka-fika.com/
カルトナージュ教室　atelier Keym　http://www.keym2010.com/
寝かしつけ抱っこひものママイト　http://shop.mamaito.com/

◎撮影協力
藤澤美侑ちゃん、出井拓輝くん

◎著者プロフィール写真メイク
トータルファッションアドバイザー　九十九絵美（Real wardrobe主宰）
http://real-wardrobe-99.jimdo.com/

◎Special Thanks
「パン講師の集まるサークルhug」メンバー、cooking studio minnaの生徒様、ご近所の皆様、そしていつも支えてくれる家族のみんな